Weihnachten 2001

von

Frieda u. Antonia

Claude Monet

bittet zu Tisch

Mit 50 Rezepten

Vorwort

Joël Robuchon

Text

Claire Joyes

Fotos

Jean-Bernard Naudin

Foodstyling

Nanou Billault

Collection Rolf Heyne

Inhalt

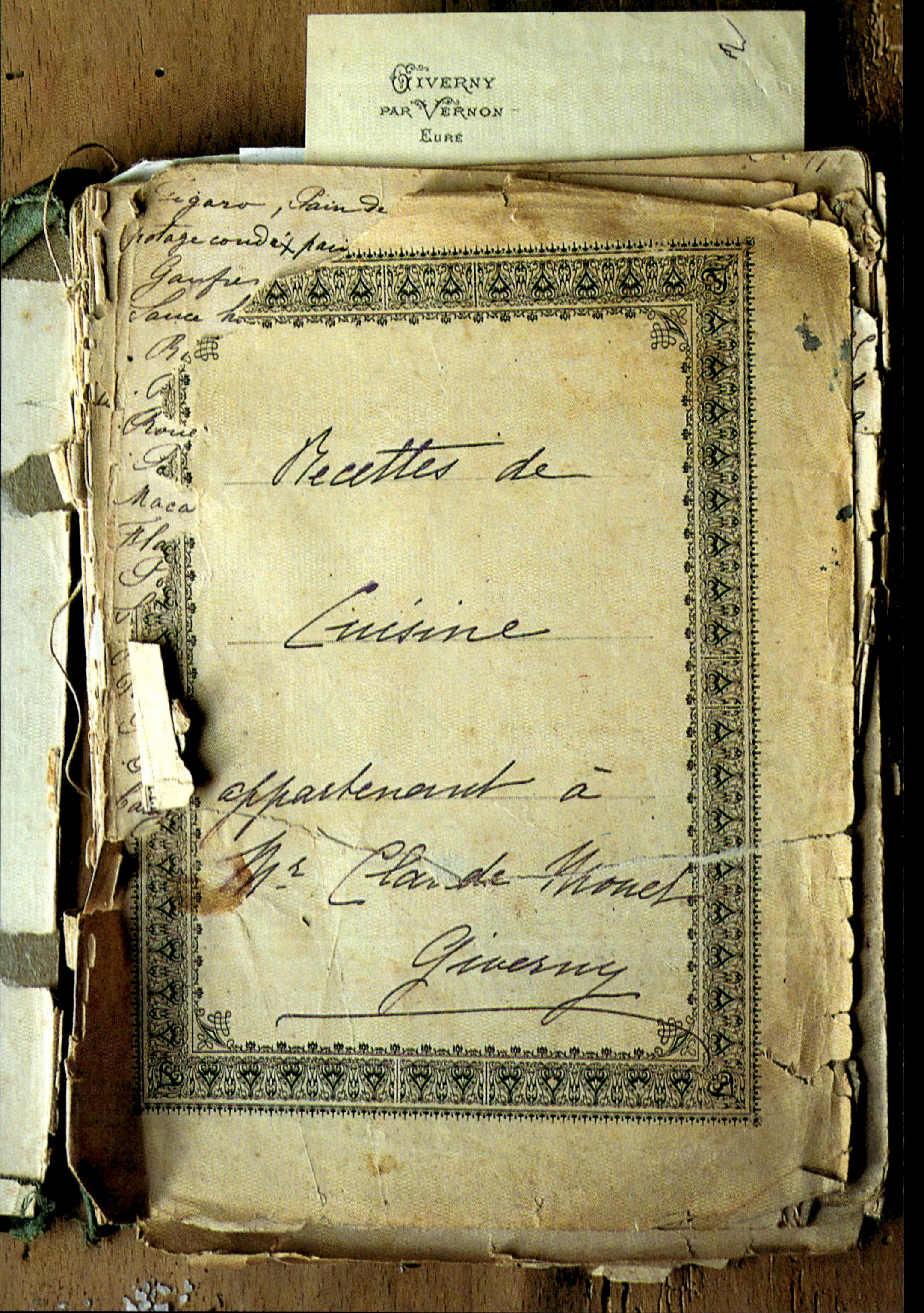
GIVERNY
PAR VERNON
EURE
Recettes de
Cuisine
appartenant à
Mr Claude Monet
Giverny

Vorwort

Ich habe einen großartigen Mann kennen gelernt.

Ich verließ meine Heimat in Poitou, um mich in Paris niederzulassen.

1980, als ich Küchenchef im Hotel Nikko war, besuchte ich das Haus von Claude Monet in Giverny. Der Garten mit seiner harmonischen Blütenpracht war eine Symphonie der Natur und die Ausstattung des schönen Hauses in sich so ausgewogen und einfallsreich, dass ich zutiefst beeindruckt war. Vor allem natürlich von dem großen gelben Speisezimmer, das auf ein reges Familienleben mit vielen Gästen schließen lässt. Und als ich die große Küche mit dem schlichten blauen Fliesendekor sah, musste ich unwillkürlich an all die Köstlichkeiten denken, die man dort so liebevoll zubereitet hatte.

An jenem Tag kam mir plötzlich ein Gedanke... Wie fantastisch es wäre, eines Tages gut gehüteten Rezepte dieser Familie zu erfahren und sie dann nachkochen zu können.

Mit der Entdeckung von Claude Monets Rezeptheften und deren Veröffentlichung durch Claire Joyes und Jean-Marie Toulgoat ist dieser Wunsch für mich nun in Erfüllung gegangen.

Die Rezepte zu bearbeiten, heutigen Verhältnissen anzupassen, war mir ein Riesenvergnügen; dabei achtete ich besonders darauf, dass sie leicht nachzuvollziehen sind.

Um den Maler und seine Persönlichkeit besser kennen zu lernen, las ich sehr viel über ihn und machte so die Bekanntschaft eines wahrhaft guten, eines bemerkenswerten Menschen.

Seine Freunde und Biographen erwähnen übereinstimmend, dass er einen sehr gesunden Appetit hatte, zudem ein richtiger Feinschmecker war, der jedoch einige Marotten hatte. Für seine Gäste – wie Clemenceau, Renoir, Pissarro oder seinen Galeristen Durand-Ruel – und natürlich seine Familie tranchierte er Wild, Braten und Geflügel immer höchstpersönlich. Die Gänseleberpastete musste unbedingt aus dem Elsass stammen, und bei den Trüffeln kamen für ihn nur die aus dem Périgord in Frage. Besonders gern aß er Fisch, vor allem die Hechte aus seinen eigenen Teich. Er besaß einen Gemüsegarten, der stets bestens in Schuss gehalten wurde, und pflanzte darin auch alle möglichen Küchenkräuter, Gemüse aus Südfrankreich und Pilze an, die er jeden Morgen bei Tagesanbruch frisch ernten ließ. Was mir bei seinen Rezepten besonders angenehm auffiel, war ihre Vielfalt – sie erscheinen »vernünftig«, schlicht, gut bürgerlich im besten Sinne. Manche Gerichte sind sehr einfach, andere dagegen hoch kompliziert, ja fast professionell in ihrem Anspruch ... für die damaligen Zeiten eine tolle Leistung.

Für so viel Erfindungsgabe und Großzügigkeit, für die vielen guten Rezepte und Rezepthefte, für all diese Zeugnisse alter Feinschmeckertraditionen und Lebenskunst im Alltag – Dank an Claude Monet.

Joël Robuchon
Chef de cuisine – Restaurant Jamin

GERICHTE
FÜR
JEDEN TAG

Potage Fontanges

Feine Erbsensuppe

Für 4 Personen
Zubereitungszeit: 15 Minuten
Mit Kochzeit: 1 Stunde 45 Minuten

50 g Butter
1 Zwiebel
2 Stangen Lauch
1 Hand voll Sauerampfer
1 Kopfsalat
½ Bund Kerbel
250 g getrocknete Erbsen
2 mittelgroße Kartoffeln
1,5 l Rindfleisch- oder Geflügelbrühe (oder Wasser)
Salz und Pfeffer
2 Eidotter
250 ml Crème fraîche

1 guten EL Butter erhitzen. Die gehackte Zwiebel, den in Scheiben geschnittenen Lauch (nur das Weiße), 1 Hand voll Sauerampfer, Salat und Kerbel, alles fein gehackt, in die heiße, zerlassene Butter geben. Alle Zutaten anschwitzen, bis sie gut mit Butter überzogen sind, ohne zu bräunen.

Anschließend die getrockneten Erbsen und gewürfelte Kartoffeln hinzufügen. Mit der Fleischbrühe oder für eine weniger gehaltvolle Suppe mit der gleichen Menge Wasser auffüllen. Salzen und pfeffern (aber nur mäßig, wenn Sie salzige Brühe verwenden. Zum Kochen bringen und zugedeckt zirka 1½ Stunden köcheln lassen.

Durch ein Sieb drücken (oder passieren), nochmals erhitzen und unter Rühren einige Minuten köcheln lassen.

Ein eigroßes Stück weiche Butter, Eidotter und Crème fraîche gut mischen, durchschlagen und in eine vorgewärmte Suppenterrine geben. Dann die kochende Suppe darunterrühren.

Sehr dünn aufgeschnittenes Weißbrot dazu reichen.

Die berühmten Seerosen von Giverny im Hochsommer.

Soupe à l'ail

Knoblauchsuppe

Für 1 Person
Zubereitungszeit: 20 Minuten
Garzeit: 30 Minuten

2 Knoblauchzehen
1 Ei
Butter
1 große Scheibe altbackenes Weißbrot
1 TL gehackte Petersilie
Salz und Pfeffer
250 ml Wasser

Zunächst die Mengen auf die Anzahl der Personen umrechnen.

Die geschälten Knoblauchzehen in ausreichend Wasser geben, salzen und pfeffern. Kochen lassen, bis der Knoblauch schön weich ist (ungefähr 20 Minuten).

Jetzt die Zehen zerstampfen. Vom Feuer nehmen.

Die Eier in eine große Schüssel geben, etwas von der Knoblauchsuppe hinzufügen und durchschlagen, bis alles gut gebunden ist. Diese Mischung unter ständigem Rühren in die Suppe einarbeiten, die Butter hinzufügen, wieder erhitzen, aber nicht zum Kochen bringen.

Das in Würfel geschnittene alte Weißbrot in Butter rösten und in die Suppenterrine geben, sofort mit der heißen Suppe begießen, mit gehackter Petersilie bestreuen und servieren.

Sofort nach Eintreffen des Gemüses beginnt Marguerite, das Essen vorzubereiten. Ein Abendessen ohne Suppe wäre unvorstellbar!

Œufs pochés à la lyonnaise

Pochierte Eier »Lyonnaise«

Für 4 Personen

Zubereitungszeit: 30 Minuten

Garzeit: 30 Minuten

8 Eier

12 kleine weiße Zwiebeln

1 EL Butter

2 EL Mehl

200 ml entfettete Bouillon

200 ml Milch

2 EL geriebener Gruyère

3 EL Essig

Den Essig in eine Kasserolle mit ungesalzenem, kochendem Wasser gießen und nacheinander die Eier hineinschlagen. 3 Minuten pochieren. Mit einer Schaumkelle herausnehmen und auf einem Küchentuch abtropfen lassen.

Die Zwiebeln fein hacken, 3 Minuten in kochendem Wasser blanchieren, abtropfen lassen und in der zerlassenen Butter anschwitzen; sie dürfen gerade etwas gelb, aber nicht braun werden. Anschließend mit dem Mehl überstäuben und mit der Milch sowie der Bouillon eine helle Mehlschwitze herstellen.

Gut durchrühren und die Sauce eindicken lassen. Abschmecken.

Die Hälfte der Sauce in eine feuerfeste, gefettete Form gießen, die Eier einlegen und mit der restlichen Sauce bedecken.

Mit dem geriebenen Käse bestreuen und im Ofen einige Minuten bei starker Hitze goldbraun backen.

Marguerites Mann, ein echter Bauer, stammt wie sie aus dem Berry. Er sammelt die Eier ein und muss die Zucht überwachen, wobei ihm seine langjährigen Erfahrungen auf diesem Gebiet sehr zustatten kommen.

Œufs renversés à la tomate

Eipudding mit Tomatensauce

Für 8 Personen
Zubereitungszeit: 35 Minuten
Garzeit: 50 Minuten

1 l Milch
8 Eier
100 g geriebener Gruyère
Salz und Pfeffer
10 g Butter für die Form
Für die Tomatensauce:
12 Tomaten
1 kleine Scheibe Kochschinken (nach Belieben)
1 EL Butter
2 – 3 Thymianzweige
1 Lorbeerblatt
Salz und Pfeffer

Die Milch etwas salzen, kurz aufkochen lassen, dann vom Feuer nehmen und warm stellen.

Die ganzen Eier wie für ein Omelett vermengen und unter ständigem Rühren 1 EL heiße Milch einarbeiten, dann einen zweiten, einen dritten und so fort, bis die Eiermischung heiß ist. Dann den Rest der Milch und den Käse auf einmal hinzufügen und alles gut verrühren.

In eine hohe, feuerfeste und gebutterte Souffléform umfüllen und zirka 30 Minuten im Ofen in einem Wasserbad stocken lassen (180 °C/Gas Stufe 6). Für die Garprobe vorsichtig mit einem spitzen Messer einstechen: Die Klinge muss sauber und trocken bleiben.

5 Minuten ruhen lassen, auf einen vorgewärmten Servierteller stürzen. Mit der Tomatensauce überziehen.

Für die Tomatensauce: Die Tomaten aufschneiden und leicht zusammendrücken, um den Saft und die Kerne zu entfernen. Mit den Thymianzweigen und dem Lorbeerblatt in eine Kasserolle geben, salzen, pfeffern und – gegebenenfalls – den Schinken in dünnen Streifen zufügen.

Sobald die Tomaten ihr Wasser ausgeschwitzt haben, die Temperatur herunterschalten und 20 Minuten sanft köcheln lassen. Nach Erreichen der richtigen Konsistenz durch ein Sieb drücken (oder passieren) und in einem Wasserbad warm stellen. Kurz vor dem Servieren mit etwas Butter verfeinern.

Die Verhältnisse auf dem Geflügelhof sind etwas kompliziert. Bis zu vier verschiedene Hühnerrassen tummeln sich dort, darunter die Houdan (die Eier und Fleisch liefern), die schöne weiße Gâtinais und das prachtvolle schwarze Bressehuhn.

Oignons blancs farcis
(Charlotte Lysès)

Gefüllte Weiße Zwiebeln

Für 4 Personen
Zubereitungszeit: 20 Minuten
Garzeit: 50 Minuten

1 Ei
4 große Zwiebeln
150 g Bratenreste (Schweine- oder Hühnerfleisch) oder Kalbsleber
einige Schnittlauchhalme
etwas Petersilie
50 g und 1 gehäuften EL geriebenen Gruyère
10 g Butter für die Form
etwas Wasser

Das Ei hart kochen (10 Minuten); dann mit kaltem Wasser abschrecken.

Die geschälten Zwiebeln 15 Minuten in kochendem Wasser blanchieren und anschließend aushöhlen.

Für die Füllung: Bratenreste oder Kalbsleber zerkleinern und mit Schnittlauch, Petersilie, 50 g geriebenem Gruyère und hart gekochtem Ei vermengen. Jede Zwiebel mit dieser Mischung füllen und mit 1 gehäuften EL Käse bestreuen.

Einen feuerfeste Form mit Butter bestreichen, die Zwiebeln hineinsetzen und einige EL Wasser hinzufügen. 35 Minuten bei 180 °C (Gas Stufe 6) im Backofen garen. Nach Belieben warm oder kalt servieren.

Nach einem Besuch in Paris wird der Köchin häufig ein neues Rezept ausgehändigt, das sie dann möglichst getreu nachzukochen hat. Allein die Familie Guitry ist mit drei Rezepten vertreten: Schweinsbug »Sacha«, Bohneneintopf »Lucien Guitry« und Gefüllte Zwiebeln »Charlotte Lysès«.

Moules au vert

Muscheln im Kräutersud

Für 4 Personen
Zubereitung und Garzeit: 45 Minuten

3 kg Muscheln
50 g Butter
1 Zwiebel
Salz
½ TL zerstoßener Pfeffer
1 Staudensellerie
1 Bund Kerbel
3–4 Blatt Sauerampfer
1 kleiner Bund Petersilie
3 Estragonzweige
100 ml Weißwein
½ EL Stärkemehl
1 EL Zitronensaft

Die Muscheln gründlich reinigen, das Wasser mehrmals erneuern.

Die grob gehackte Zwiebel mit dem fein geschnittenen Staudensellerie in einer Kasserolle in Butter anschwitzen, dann 3 Petersilienzweige, zerstoßenen Pfeffer, Salz und die Muscheln zufügen. Bei starker Hitze unter häufigerem Umrühren kochen lassen. Wenn die Muscheln geöffnet sind, alles in ein Sieb schütten, den Sud auffangen. (Nicht geöffnete Muscheln aussortieren.)

Kerbel, Sauerampfer (nicht zu viel), die restliche Petersilie und Estragon fein hacken, in Butter anschwitzen, mit der gefilterten Kochflüssigkeit und Weißwein auffüllen. Zum Kochen bringen und mit dem in Zitronensaft angerührten Stärkemehl binden.

Danach die Muscheln einige Minuten lang in der Sauce erhitzen.

Wer es feiner mag, kann das Muschelfleisch nach dem Garen auslösen.

Fisch und Meeresfrüchte, wie z. B. diese Muscheln im Kräutersud, werden bei den Monets häufig gereicht, obwohl es mit der Versorgung nicht zum Besten steht.

Bouillabaisse de morue (Cézanne)

Bouillabaisse aus Stockfisch »Cézanne«

Für 6 Personen
Entsalzen: 24 Stunden
Zubereitungszeit: 40 Minuten
Garzeit: 45 Minuten

500 g gesalzenen Stockfisch (Klippfisch)
6 Kartoffeln
Olivenöl
4 Stangen Lauch
1 Prise Pfeffer
1 Prise Gewürznelken, gemahlen
2 Knoblauchzehen
6 Petersilienzweige
1 g Safran
1 Lorbeerblatt
1 EL Mehl
1,3 l heißes Wasser

Ein großes Stück Stockfisch zum Entsalzen 24 Stunden in kaltem Wasser einweichen.

Den gewässerten Fisch abtrocknen, in Stücke schneiden und in etwas Olivenöl anbraten, aber nicht knusprig werden lassen.

Die Kartoffeln schälen, in Scheiben schneiden und in Olivenöl anbraten, bis sie zu drei Viertel gar sind.

Olivenöl in einer Kasserolle erhitzen und den geschälten und fein geschnittenen Lauch darin andünsten.

In einer zweiten Kasserolle etwas Mehl mit Pfeffer, Gewürznelke, Knoblauch und Petersilie (beides gehackt), Safran und Lorbeerblatt geben und das Ganze bei schwacher Hitze in Butter bräunen. Das darf nur sehr langsam vonstatten gehen.

Dann das heiße Wasser hinzufügen.

10 bis 15 Minuten kochen lassen, den vorgegarten Stockfisch und die ebenfalls gegarten Kartoffeln in die Kasserolle legen. Zirka 15 Minuten mitkochen lassen und anschließend alles über den Lauch geben.

Die Bouillabaisse sollte möglichst bei starker Hitze in einem schweren Topf aus Gusseisen zubereitet werden.

Monet, der selber nicht kocht und keinem Gericht seinen Namen verliehen hat, zieht es vor, die Rezepte der anderen in vollendeter Weise ausführen zu lassen. Wie diese Bouillabaisse aus Stockfisch von Cézanne.

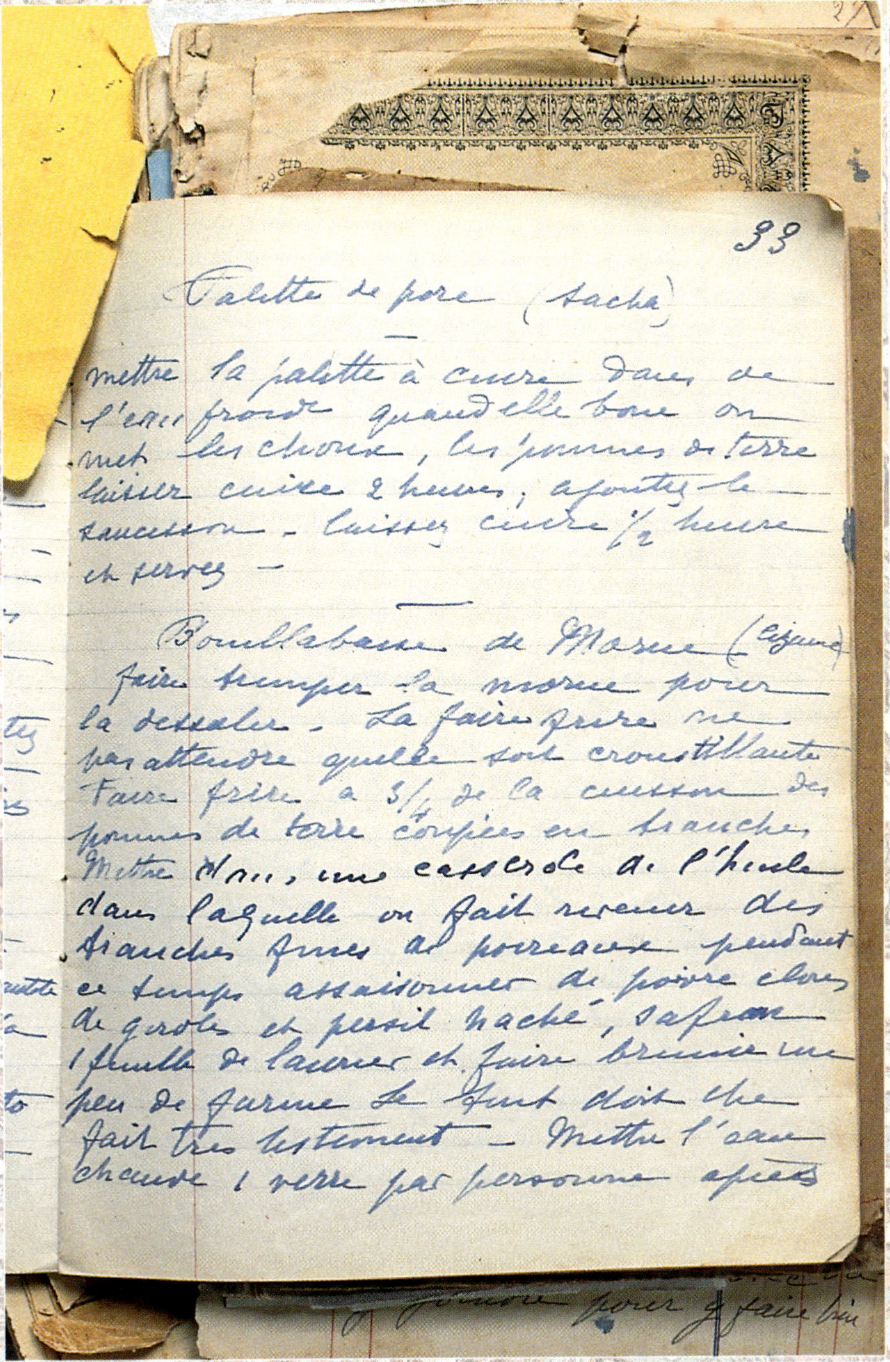

33

Palette de porc (Sacha)

mettre la palette à cuire dans de l'eau froide quand elle bout on met les choux, les pommes de terre laisser cuire 2 heures, ajoutez le saucisson – laissez cuire 1/2 heure et servez –

Bouillabaisse de Morue (Eugénie)

faire tremper la morue pour la dessaler. La faire frire ne pas attendre qu'elle soit croustillante Faire frire à 3/4 de la cuisson des pommes de terre coupées en tranches Mettre dans une casserole de l'huile dans laquelle on fait revenir des tranches fines de poireaux pendant ce temps assaisonner de poivre clous de girofle et persil haché, safran 1 feuille de laurier et faire brunir un peu de farine le tout doit être fait très lestement – Mettre l'eau chaude 1 verre par personne après

pomme pour y faire bien

Poulet Chasseur

Huhn auf Jägerart

Für 4 Personen
Zubereitungszeit: 50 Minuten
Garzeit: 1 Stunde 15 Minuten

1 schönes junges Huhn (aus Freilandhaltung)
20 g Butter
2–3 EL Öl
250 g Champignons
250 ml Weißwein
3 große Tomaten
1 EL Tomatenmark
Salz und Pfeffer
1 Estragonzweig
200 ml Fleischbrühe

Das Huhn zerlegen und alle Teile in einem Butter-Öl-Gemisch anbraten. Wenn sie eine schöne Farbe angenommen haben, ohne wirklich braun zu sein, herausnehmen und beiseite stellen.

Wenn notwendig, noch 1 EL Öl in die Kasserolle geben und 250 g geputzte und der Länge nach halbierte Champignons (Kopf und Stiele) darin anbraten.

Danach mit Weißwein ablöschen, kurz einkochen lassen. 3 in Scheiben geschnittene, entkernte Tomaten und etwas Tomatenmark hinzufügen (falls keine frischen Tomaten vorrätig sind, entsprechend mehr Tomatenmark nehmen).

Abschmecken und mit 1 Zweiglein Estragon würzen.

Auf die Hälfte einkochen lassen, mit 1 Glas Fleischbrühe auffüllen und gut 10 Minuten köcheln lassen.

Die Hühnerstücke und den ausgetretenen Saft wieder in die Kasserolle geben. Zudecken und sanft 40 Minuten weiterköcheln lassen, bis das Hühnchen zart und weich ist.

Das Huhn auf der Servierplatte anrichten und warm halten. Falls die Sauce zu dünn ist, weiter eindicken lassen und vor dem Servieren das Huhn damit überziehen.

Salat wird zu jeder Mahlzeit gereicht. Paul hält einen großen Löffel, und Monet gibt grob zerstoßenen Pfeffer, grobes Salz, Olivenöl und etwas Weinessig hinein. Paul gießt den Inhalt über den Salat, der dann über und über schwarz gesprenkelt und ungenießbar wird – außer für Monet selbst. Deshalb gibt es immer zwei Salatschüsseln.

Coq au vin

Hähnchen in Rotwein

Für 4 Personen
Zubereitungszeit: 50 Minuten
Garzeit: 1 Stunde 45 Minuten

1 Hähnchen (ca. 2 kg)
40 g Butter
150 g magerer Bauchspeck im Stück
12 kleine Zwiebeln
1 kleine Knoblauchzehe (nach Belieben)
1 Kräuterstrauß
200 g Zuchtchampignons
500 ml Burgunderwein
1 Glas Aquavit
Mehl

Das Hähnchen in 8 Teile zerlegen.

Den Speck würfeln und in der Butter zusammen mit den zuvor geschälten Zwiebeln anbraten. Aus dem Schmortopf nehmen und warm stellen.

Die Hähnchenteile in den Schmortopf legen und ringsherum goldgelb braten. Nach Belieben zerdrückten Knoblauch hinzufügen, den Kräuterstrauß und die Champignons (große Exemplare vorher halbieren). Zudecken und 15 Minuten schmoren lassen.

Das überschüssige Fett abschöpfen. 1 Gläschen Schnaps darübergießen, flambieren. Dann den Wein zufügen. Zudecken und noch 1 Stunde köcheln lassen.

Das Fleisch mit einer Gabel einstechen. Wenn es gar ist, herausnehmen, über dem Schmortopf abtropfen lassen und warm stellen.

Die restliche Butter mit dem Mehl vermischen und kräftig in die Sauce einrühren, um sie zu binden. Sobald die Sauce eindickt und glatt wird, die Hähnchenteile wieder hineinlegen. Das Ganze sehr heiß servieren.

Dazu werden geröstete Brotwürfel gereicht.

Dieses Gericht lässt sich gut aufbewahren und schmeckt, im Wasserbad aufgewärmt, ebenso köstlich.

Epaule de mouton farcie

Gefüllte Hammelschulter

Für 6 Personen
Einweichzeit für die Bohnen: 12 Stunden
Garzeit: 2 Stunden 20 Minuten
Zubereitungszeit: 45 Minuten

200 g weiße Bohnen
1 Kräuterstrauß
1 Zwiebel
2 Gewürznelken
1 Hammelschulter, entbeint
1 kg Zwiebeln
1 Scheibe magerer Bauchspeck
3 Petersilienzweige
2 Knoblauchzehen
1 Hand voll altbackenes Brot ohne Rinde
3 EL Milch
Salz und Pfeffer
1 Kalbs- oder Schweinsnetz
2 EL Öl
4 Kartoffeln

Die Bohnen über Nacht einweichen.

Am nächsten Tag die Bohnen abtropfen lassen, mit dem Kräuterstrauß und der einzelnen, zuvor mit Gewürznelken gespickten Zwiebel in eine Kasserolle mit kaltem Wasser geben. Langsam zum Kochen bringen und gut 1 Stunde in siedendem Wasser garen.

Die anderen Zwiebeln schälen und in feine Stücke schneiden. Die Kartoffeln ebenfalls schälen und in dicke Scheiben schneiden.

Für die Füllung: Den mageren Speck, die Petersilie und die 2 Knoblauchzehen hacken, mit dem in Milch eingeweichten und gut ausgedrückten Weißbrot vermengen.

Die ausgebeinte Hammelschulter auf der Arbeitsfläche ausbreiten, salzen, pfeffern und mit der Farce bestreichen. Dann in das Schweinsnetz einhüllen, in einen Schmortopf mit heißem Fett legen und anbraten.

Ist das Fleisch schön gebräunt, werden die gehackten Zwiebeln, die abgetropften, zu drei Viertel vorgegarten Bohnen und die Kartoffeln ringsherum angeordnet. Salzen und pfeffern.

Mit heißem Wasser auffüllen, sodass das Gemüse gerade bedeckt ist. Auf dem Herd zum Kochen bringen und dann 2 Stunden lang im Backofen bei mittlerer Temperatur fertig garen (160 °C/Gas Stufe 5–6).

Veau aux olives

Kalbsbraten mit Oliven

Für 6 Personen
Zubereitungszeit: 40 Minuten
Garzeit: 1 Stunde 30 Minuten

1,3 kg Kalbfleisch (Nuss oder Keule aus der Unterschale)
2 EL Öl
250 g grüne Oliven
3 – 4 Dutzend sehr kleine Zwiebeln
Salz und Pfeffer
1 kleines Glas Brühe (oder Wasser)

Das Kalbfleisch in heißem Öl anbraten und zugedeckt 50 Minuten bei mäßiger Hitze schmoren lassen.

250 g grüne Oliven entsteinen, die Zwiebelchen schälen und alles rund um das Fleisch legen. Wegen der Oliven nur sehr vorsichtig salzen. Pfeffern, zudecken und knapp 30 Minuten mitschmoren lassen.

Das Fleisch herausnehmen, auf eine vorgewärmte Servierplatte legen, die Oliven und die Zwiebeln rundherum anordnen. Dann die heiße Brühe (oder Wasser) in den Schmortopf gießen, den Bratenfond mit einem Holzlöffel vom Boden kratzen, in die Flüssigkeit einrühren und kurz aufkochen lassen.

Der hellblaue Wand- und Deckenanstrich in der Küche harmoniert mit den blauen Kacheln aus Rouen, mit denen die traditionellen Küchen und Kamine in dieser Region dekoriert sind.

Queue de bœuf en hochepot (Marguery)

Ochsenschwanzragout »Marguery«

Für 5 Personen
Zubereitung: 20 Minuten
Garzeit: 3 Stunden 30 Minuten

1 Ochsenschwanz, in Stücke geschnitten
4 Speckschwarten
2 Schweinsfüße, geviertelt
1 Kohlkopf
10 kleine weiße Zwiebeln
5 weiße Rüben
5 Mohrrüben
1 mittelgroße Zwiebel
1 Gewürznelke
1 Kräuterstrauß
2 Knoblauchzehen
5 – 10 Chipolatas (kleine, scharfe Würstchen)
500 ml Weißwein
zirka 2 l Rindfleischbrühe
grobes Salz
Salz und Pfeffer

Die Gewürznelke in die große Zwiebel stecken.

Einen Schmortopf mit den Speckschwarten auslegen. Den zerkleinerten Ochsenschwanz, die geviertelten Schweinsfüße, die Zwiebel, den Kräuterstrauß, den Knoblauch und 1 gehäuften TL grobes Salz darübergeben. Mit Weißwein begießen.

Zudecken und bei starker Hitze 15 Minuten garen, bis die Flüssigkeit eingeköchelt ist.

Das Gemüse schälen und in grobe Stücke schneiden (die Zwiebeln ganz lassen).

Die Speckschwarten und den Kräuterstrauß aus dem Topf nehmen und den Inhalt in eine Schüssel geben.

Die Brühe in den Topf gießen und bei starker Hitze mit einem Holzlöffel den Bratensatz vom Boden abkratzen. Kurz aufkochen lassen und den Inhalt der Schüssel wieder dazugeben.

Das ganze Gemüse hinzufügen. Eventuell noch Brühe nachgießen, damit es vollständig bedeckt ist. Salzen und pfeffern. Dann einen Deckel auflegen und den Topf, falls notwendig, ringsherum mit einem Teig aus Mehl und etwas Wasser hermetisch abdichten.

Mindestens 3 Stunden sanft köcheln lassen.

Eine Viertelstunde vor dem Servieren die Chipolatas braten.

30 Minuten vor Ende der Garzeit eventuell 1 bis 2 Kartoffeln pro Person zum Ragout geben.

Carottes fermières

Mohrrüben nach Landfrauenart

Für 6 Personen
Zubereitungszeit: 20 Minuten
Garzeit: 50 Minuten

6–8 schöne große Mohrrüben
40 g Butter
2 EL Mehl
5 Kerbelzweige
3 Petersilienzweige
1 Estragonzweig
Salz und Pfeffer
2 EL Zitronensaft
1 EL Zucker

Die in Scheiben geschnittenen Mohrrüben in Salzwasser kochen; kurz bevor sie gar sind, abgießen und abtropfen lassen. Die Kochflüssigkeit auffangen.

Jetzt eine Mehlschwitze herstellen: Die Butter zerlassen, das Mehl hinzufügen und 1 Minute gut umrühren, dann fein gehackte Kräuter (Kerbel, Petersilie und – wenig – Estragon) unterziehen. Abschmecken, mit 500 ml Kochflüssigkeit ablöschen, kurz aufkochen lassen. Dann etwas Zitronensaft, Zucker und die Mohrrüben hineingeben.

Den Topf an den Herdrand schieben oder die Hitze herunterschalten und das Ganze ungefähr 15 Minuten weiterköcheln lassen. Wenn notwendig, nochmals mit Kochflüssigkeit verdünnen.

Das Gemüse, das Marguerite in Empfang nimmt, zeichnet die französische Landkarte nach, etwa Kartoffeln »Quarantaine de la Halle« oder »Abondance de Montvilliers«, mittelgroße Mohrrüben aus Croissy, Bleichsellerie aus Chemin u. Ä.

Croûtes aux pêches

Pfirsiche auf Toast

Für 4 Personen

Zubereitungszeit: 15 Minuten – Garzeit: 15 Minuten

8 kleine Brotscheiben

4 Pfirsiche

80 g Butter

8 TL Zucker

Die Pfirsiche kurz überbrühen, enthäuten und halbieren. Die Kerne entfernen. Eine flache Tortenform gut ausbuttern.
Die Brotscheiben in 30 g Butter goldgelb rösten und die Tortenform damit auslegen. Dann jede Scheibe Brot mit ½ Pfirsich belegen, wobei die gewölbte Seite nach unten zeigen soll.

In die Mitte der Früchte jeweils 1 TL Zucker und 1 TL Butter geben.

Die Tortenform in den Backofen schieben und 15 bis 20 Minuten bei 180 °C (Gas Stufe 6) garen.

Die Pfirsiche aus dem Ofen nehmen. Lauwarm oder kalt servieren.

Pie aux cerises

Kirschpie

Für 4–6 Personen

Zubereitungszeit: 30 Minuten – Garzeit: 40 Minuten

150 g Mehl

75 g Butter

1 Prise Salz

500 g Kirschen

4 EL Zucker

Aus Mehl, klein geschnittener Butter, Salz und etwas Wasser einen geschmeidigen Teig zubereiten.

Die Kirschen entsteinen.

Zwei Drittel des Teiges ausrollen und eine Souffléform damit auslegen. Die entsteinten Kirschen in Zucker wenden und auf den Teig geben.

Aus dem restlichen Teig einen Deckel formen. Die Kirschen damit abdecken und am Rand fest andrücken. In der Mitte ein Loch machen, aus Karton einen »Kamin« rollen und hineinstecken, damit der Dampf beim Garen entweichen kann.

10 Minuten bei 200 °C (Gas Stufe 6–7) backen, dann auf 180 °C (Gas Stufe 6) herunterschalten und in 30 Minuten fertig backen. Warm servieren und flüssige Sahne dazu reichen.

Die Pfirsiche kommen aus dem Hausgarten, den Florimond in Schuss hält.

Confiture de prunes

Pflaumenkonfitüre

Pflaumen (500 g)
Zucker (600 g auf 500 g Fruchtgewicht)
Wasser (150 ml auf 600 g Zucker)

Schön reife, aber keine überreifen Pflaumen auswählen. Die Früchte aufschneiden und den Kern entfernen. Dann abwiegen, um die notwendige Zuckermenge zu berechnen.

Den Zucker mit Wasser in einem Kupferkessel erhitzen, bis er große Blasen wirft. Einen Schaumlöffel in den Sirup tauchen, herausziehen und dagegen pusten: Der Zucker muss in großen Flocken davonfliegen.

Jetzt so viele Pflaumen in den Kessel geben, dass der Boden bedeckt ist. Die Früchte sind gar, wenn sie durchsichtig werden und auf Druck etwas nachgeben (das dauert je nach der Fruchtqualität zirka 10 bis 20 Minuten). Dann den Kessel neben den Herd stellen, die Pflaumen mit einem Schaumlöffel herausnehmen und in Einmachgläser füllen.

Den Kessel auf den Herd zurückstellen, den Sirup erneut aufkochen lassen, bis er große Blasen wirft, weitere Pflaumenhälften hineingeben und wie oben fortfahren, bis alle Pflaumen gegart und abgefüllt sind. Den Zucker ein letztes Mal mit dem überschüssigen Sirup, der eventuell in die Einmachgläser gelangt ist, aufkochen lassen und etwas von dieser Masse in jedes Glas geben; die obere Pflaumenschicht dabei vorsichtig mit einer Gabel anheben, damit sich der Sirup verteilen kann.

Das Rezept ist auch für Aprikosenkonfitüre geeignet.

Im Hausgarten ist wenig Platz für Obstbäume: ein paar lang- oder kurzstielige Kirschen aus Montmorencey, goldgelbe Reineclauden und Mirabellen der Sorte »Petite«, die Marguerite zu Kompott verarbeitet oder in Branntwein einlegt.

Conserves de cerises

Eingemachte Kirschen

Kirschen
(oder andere rote Früchte)
Zucker
(nach Belieben)

Die Einmachgläser reinigen. Früchte wie Kirschen (oder auch Johannisbeeren, Erdbeeren), die viel Saft abgeben, bis an den oberen Rand in die Gläser schichten. Dann den Zucker hinzufügen (1 EL pro Liter).

Die Gläser verschließen, den Sicherheitsbügel umlegen, den Boden eines Kessels mit einem Tuch auslegen und die Gläser aufrecht hineinstellen. Mit kaltem Wasser bis unter den Hals der Gläser auffüllen.

Den Kessel zudecken, auf den Herd stellen und das Wasser nur bis zum Siedepunkt erhitzen, damit die Gläser nicht platzen.

Nach dem Sterilisieren die Gläser im Wasser auskühlen lassen. Die Deckel sollten jetzt hermetisch verschlossen sein.

Tee-Stunde

Cake

Englischer Früchtekuchen

Zubereitungszeit: 20 Minuten
Backzeit: 25–30 Minuten

80 g Butter
80 g Zucker
2 Eier
2 EL Rum
100 g Rosinen
5 g kandierte Früchte
150 g Mehl
20 g Butter für die Form

Die Butter in einem Wasserbad weich werden lassen und den Zucker kräftig darunterrühren.

Unter weiterem energischem Rühren zunächst ein ganzes Ei einarbeiten, dann ein zweites.

Jetzt den Rum, die Rosinen und die in winzige Stücke geschnittenen kandierten Früchte unterziehen.

Anschließend nach und nach das Mehl einarbeiten.

Den Teig in eine gebutterte Kastenform geben und bei 180 °C (Gas Stufe 6) 25–30 Minuten backen.

Der Kuchen ist gar, wenn eine Messerklinge nach dem Einstechen trocken herausgezogen wird.

Palets au miel

Honigplätzchen

Zubereitungszeit: 15 Minuten
Ruhezeit: 30 Minuten
Backzeit: 15 Minuten

Für ca. 20 Plätzchen:
2 Eier
125 g Zucker
70 g Honig
150 g Mehl

Die ganzen Eier mit dem Zucker vermengen und 5 Minuten lang kräftig schlagen.

Den Honig einarbeiten und nach und nach das Mehl unterziehen. 30 Minuten ruhen lassen.

Anschließend den Teig in kleinen Häufchen auf ein gebuttertes Backblech setzen, in den vorgeheizten Ofen schieben und bei 200 °C (Gas Stufe 6–7) 10–15 Minuten backen.

Die Plätzchen herausnehmen, sobald sie gebräunt sind.

Scones

Scones

Zubereitungszeit: 15 Minuten
Backzeit: 15 Minuten

Für 12 Scones:
250 g Mehl
10 g Backpulver
50 g Butter
1 Glas Milch
Salz
Für das Backblech:
1 Stück Butter

Das Mehl mit dem Backpulver und dem Salz vermengen. Die in Würfel geschnittene Butter einarbeiten. Etwas Milch hinzufügen, sodass ein geschmeidiger Teig entsteht.

Den Teig mit einem gemehlten Backholz 1 cm dick ausrollen, dann mit einem Trinkglas Scheiben von zirka 5 cm Durchmesser ausstechen.

Die Scones in größeren Abständen auf ein gebuttertes Backblech legen. Bei 220 °C (Gas Stufe 7) 15 Minuten backen.

Dieses Gebäck wird warm gereicht, aufgeschnitten und mit Butter bestrichen.

Pain de Gênes

Genueser Brot

Zubereitungszeit: 30 Minuten
Backzeit: 40 Minuten

300 g Zucker
250 g Mandeln
5 Eier
100 g Mehl
125 g Butter
1 Likörglas Kirschwasser

Die Butter in eine Schüssel geben, cremig rühren und den Zucker daruntermischen, sodass eine glatte Masse entsteht; dann unter ständigem Rühren die Stück für Stück die ganzen Eier einarbeiten.

Die Mandeln fein mahlen und zusammen mit dem Kirschwasser in den Teig rühren.

Zum Schluss das Mehl einarbeiten.

Eine flache Springform ausbuttern, den Teig einfüllen und bei 180 °C (Gas Stufe 6) zirka 40 Minuten backen.

Das Jagdpicknick

Cèpes à la bordelaise

Steinpilze »Bordelaise«

Für 6 Personen
Zubereitungszeit: 30 Minuten
Garzeit: 1 Stunde

1 kg mittelgroße Steinpilze
200 ml Öl
Salz und Pfeffer
2 Knoblauchzehen
2 Scheiben altbackenes Weißbrot
1 Bund Petersilie

Die Steinpilze gut säubern. Nicht waschen. Die Köpfe von den Stielen trennen. Die Stiele in dünne Scheiben schneiden. Das Öl in einer Bratpfanne oder einer Kasserolle erhitzen und die Pilze in das heiße Öl geben. Einige Minuten bei starker Hitze bräunen. Dann die Temperatur herunterschalten und 45 Minuten bei schwacher Hitze schmoren lassen. Salzen und pfeffern.

Unterdessen das Weißbrot zerbröseln, durch ein feines Sieb geben und dann mit dem Knoblauch und der Petersilie (beides fein gehackt) vermengen.

Zum Servieren die Steinpilze abtropfen lassen, auf einem Servierteller anrichten und warm stellen.

Jetzt 2 EL Öl in das Kochgeschirr geben. Die Bröselmischung bei starker Hitze kurz einrühren, ohne sie braun werden zu lassen. Das Ganze rund um die Steinpilze geben und sehr heiß servieren.

Von ihren Exkursionen in weiter entlegene Wälder bringt die Familie Monet gleich körbeweise Steinpilze mit.

Recette de girolles (Mallarmé)

Pfifferlinge nach Art von Mallarmé

Für 6 Personen

Zubereitungszeit: 30 Minuten

Garzeit: 30 Minuten

1 kg Pfifferlinge
125 g Bauchspeck
100 g Schweineschmalz
1 Knoblauchzehe
Petersilie nach Wunsch
Salz und Pfeffer

Für die Pifferlinge: Die erdigen Stielenden abtrennen, die Pilze gut abwischen, um den Sand zu entfernen, aber nicht waschen; größere Exemplare halbieren.

Den Speck in kleine Würfel schneiden und in dem Schmalz auslassen, die Pfifferlinge hinzufügen, pfeffern und nur wenig salzen (wegen des Specks). Bei mittlerer Hitze garen, bis das Pilzwasser vollständig verdunstet ist.

5 Minuten vor dem Servieren die gehackte Knoblauchzehe und die fein gewiegte Petersilie hinzugeben. Aufgewärmt in einem Wasserbad schmecken diese Pfifferlinge noch besser!

Gratin de champignons

Champignongratin

Für 4 Personen

Zubereitung und Garzeit: insgesamt 30 Minuten

500 g große Zuchtchampignons
1 gehäufter EL Butter
1 EL gehackte Schalotten
1 gestrichener EL Mehl
1 EL Cognac
3 EL Crème fraîche
Salz und Pfeffer

Die erdigen Enden der Champignonstiele abschneiden und die Pilze gründlich abwischen. In zerlassener Butter die Schalotten und die geviertelten Champignons zugedeckt bei mäßiger Hitze zirka 10 Minuten schmoren lassen. Mit dem Cognac ablöschen, 2 Minuten weiterköcheln lassen.

Unterdessen das Mehl mit der Crème fraîche verrühren und über die Champignons gießen. Unter ständigem Rühren weiterköcheln lassen. Mit Salz und Pfeffer abschmecken.

Die fertig gegarten Pilze in eine feuerfeste Form geben, in den sehr heißen Backofen stellen und bei höchster Temperaturstufe einige Minuten goldbraun backen.

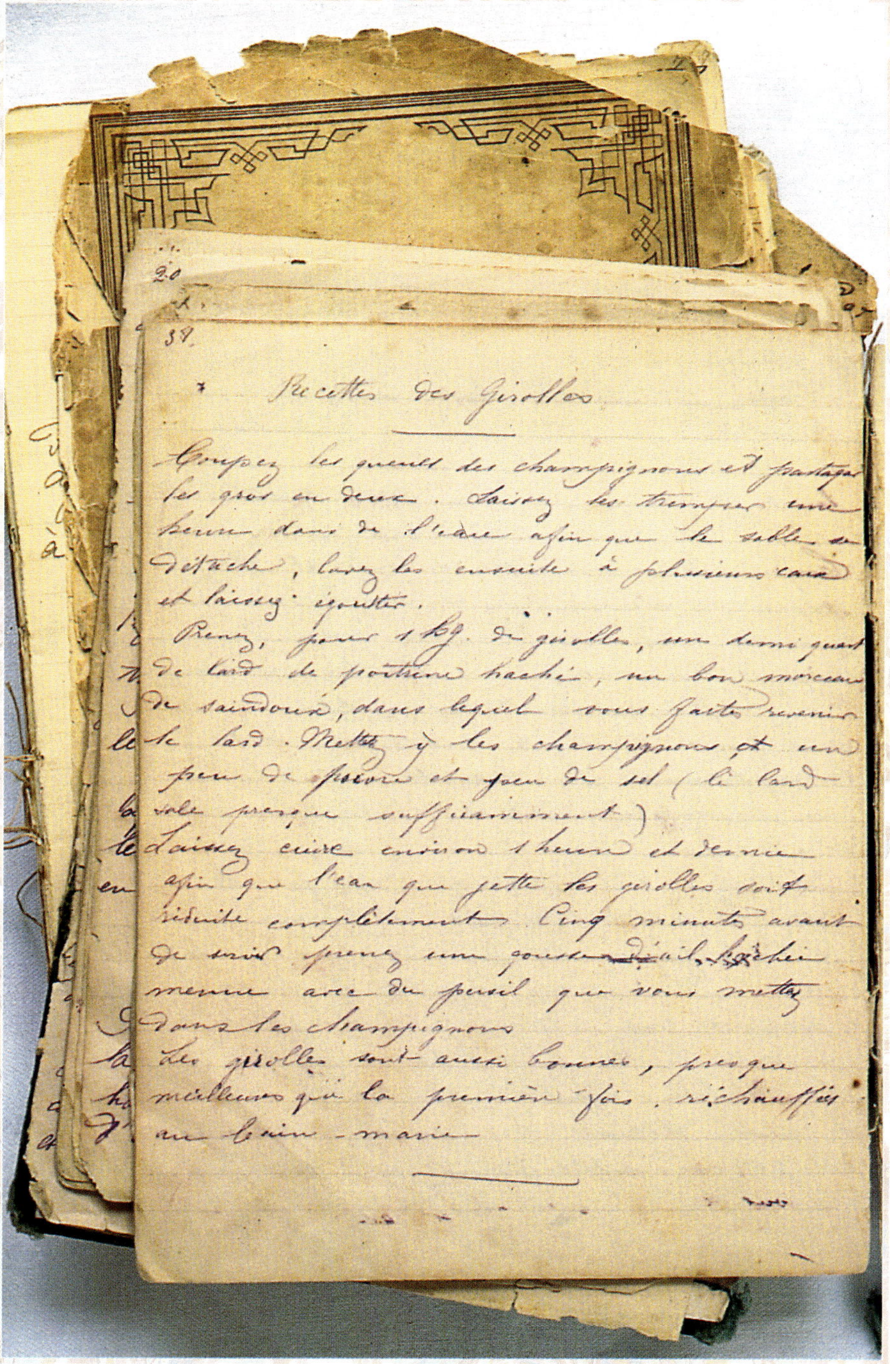

38.

Recettes des Girolles

Coupez les queues des champignons et partagez les gros en deux. Laissez les tremper une heure dans de l'eau afin que le sable se détache, lavez les ensuite à plusieurs eaux et laissez égoutter.

Prenez, pour 1 Kg. de girolles, un demi quart de lard de poitrine haché, un bon morceau de saindoux, dans lequel vous faites revenir le lard. Mettez y les champignons, et un peu de poivre et peu de sel (le lard sale presque suffisamment)

Laissez cuire environ 1 heure et demie afin que l'eau que jette les girolles soit réduite complètement. Cinq minutes avant de servir prenez une gousse d'ail, hachée menue avec du persil que vous mettez dans les champignons

Les girolles sont aussi bonnes, presque meilleures qu'à la première fois, réchauffées au bain-marie

Pâté de bœuf

Rindfleischpastete

Für 4 Personen
Zubereitungszeit: 50 Minuten
Garzeit: 1 Stunde

125 g gekochtes Rindfleisch
1 Zwiebel, 1 Knoblauchzehe
5 Tomaten
1 Bund Petersilie
1 Hand voll Estragon
80 g fetter Speck
etwas Muskatnuss
Salz und Pfeffer
30 g Butter
10 g Butter für die Form
1 Eidotter
Für den Teig:
250 g Mehl
1 EL Schweineschmalz
100 g Butter
1 TL feines Salz
1 Glas Wasser

Das Rindfleisch, die Zwiebel, die Knoblauchzehe, die Tomaten, die Petersilie, den Estragon und den Speck hacken und alles gut vermischen. Mit geriebener Muskatnuss, Salz und Pfeffer abschmecken.

Die Butter in einer Pfanne erhitzen, die Fleischmischung hineingeben und 10 Minuten unter Rühren anbraten. Das Haschee soll weich bleiben. Danach zum Abkühlen in eine Schüssel umfüllen.

Das Mehl mit dem Salz, dem Schmalz und der Butter vermengen, 1 Glas Wasser hinzufügen und alles gut verkneten. Den Teig zu einer Kugel formen. Ausrollen, dreimal zusammenlegen, wieder aufklappen, ausrollen, dann zum letzten Mal zusammenlegen und erneut ausrollen.

Eine feuerfeste Form ausbuttern, mit drei Viertel der Teigmenge auslegen, den überstehenden Teig am Rand hochziehen und andrücken. Die Fleischmasse darübergeben. Den restlichen Teig ausrollen und das Ganze damit bedecken. An den Rändern zusammendrücken.

Die Oberfläche mit verquirltem Eidotter bestreichen. 1 Stück Karton zusammenrollen und wie einen »Kamin« durch die Teigdecke stoßen, damit der Dampf entweichen kann. Bei 170 °C (Gas Stufe 5 – 6) im Backofen garen.

Im Automobil wird alles Notwendige für das Jagdpicknick herangekarrt: Koffer und Körbe voller Geschirr, Besteck und vorbereiteten Speisen, Tische und Stühle. An einer improvisierten Tafel unter dem Apfelbaum wird dann die Rückkehr der Jäger erwartet.

Pâté de canard

Entenpastete

Für 8 – 10 Personen
Zubereitungszeit: 1 Stunde 30 Minuten – Einlegen: 12 Stunden
Garzeit: 2 Stunden

1 Ente
750 g Kalbfleisch
150 g magerer Speck
150 g Wurstbrät
80 g altbackenes Weißbrot ohne Rinde
4 – 5 EL Milch
Speckscheiben zum Bardieren
200 ml Weißwein
3 EL Cognac
1 Eidotter
Für den Teig:
700 g Mehl
250 g Butter
2 Eier
1 TL Salz
1 Glas Wasser

Die Ente ausbeinen. Das Fleisch in möglichst lange Streifen schneiden. Mit dem Kalbfleisch ebenso verfahren. Den Weißwein mit dem Cognac mischen und das Fleisch 12 Stunden darin marinieren.

Die noch an den Knochen haftenden Fleischreste abschneiden und mit dem mageren Speck fein hacken, dann das zuvor in Milch eingeweichte und ausgepresste Weißbrot zusammen mit dem Brät zufügen. Alles gut miteinander vermengen.

Für den Teig: Das Mehl mit dem Salz mischen, die Eier und die Butter einarbeiten und mit einem großen Glas Wasser zu einem geschmeidigen Teig vermengen. Zur Kugel formen und 3 Stunden ruhen lassen.

Den Teig ausrollen. Eine Springform mit drei Viertel der Teigmasse auskleiden. Zunächst mit Haschee bestreichen, dann im Wechsel mit Enten- und Kalbsfilets auffüllen, bis alle Zutaten aufgebraucht sind. Alles fest in die Form drücken und die Speckscheiben darüberlegen.

Werden die Fleischpasteten, Kaninchen- und Ententerrinen für das Picknick aufgetragen, hört man Monet begeistert rufen: »Zu Tisch! Zu Tisch! Zu Tisch! Das Täubchen muss gegessen werden, so lange es noch warm ist!«

Aus dem restlichen Teig einen Deckel formen und obenauf legen, den Rand einschlagen und mit den Fingern andrücken. Die Oberfläche mit verquirltem Eigelb bestreichen. Zum Schluss ein Stück zusammengerollten Karton als Dampfabzug durch den Teig stoßen. Die Pastete 2 Stunden im Backofen bei 180 °C (Gas Stufe 6) garen. Kalt servieren.

Potine de lapin

Kaninchen in Aspik

Für 6 Personen
Zubereitungszeit: 30 Minuten (am Vortag)
Garzeit: 2 Stunden

1 Kaninchen
12 dünne Streifen magerer Speck
2 Zwiebeln
2 Lorbeerblätter
2 Thymianzweige
10 Wacholderbeeren
1 Gläschen Schnaps
1 Glas Wasser
Salz und Pfeffer
1 breiten Speckstreifen zum Bardieren

Das Kaninchen ausbeinen und in Stücke schneiden. Die Zwiebeln hacken.

Den Boden einer feuerfesten Terrine mit Speckstreifen belegen, 1 Thymianzweig und 1 Lorbeerblatt einlegen, dann nach und nach das Kaninchenfleisch einschichten, jeweils salzen und pfeffern, gehackte Zwiebeln und Wacholderbeeren darüberstreuen. Mit dünnen Speckstreifen abdecken, 1 Lorbeerblatt und 1 Thymianzweig hineingeben und die große Speckscheibe darüberlegen. Mit Schnaps und Wasser begießen. Die Terrine schließen und das Ganze zirka 2 Stunden im Backofen bei 170 °C (Gas Stufe 5 – 6) garen.

Danach etwas abkühlen lassen und den Bratensud in einer Schüssel auffangen; das Fett abschöpfen und den Saft wieder über die Pastete gießen. Eventuell ausgetrocknete Zutaten herausnehmen.

Über Nacht kalt stellen. Kalt servieren.

Damit der Terrinendeckel hermetisch schließt, wird er mit einem Streifen Teig aus Mehl und Wasser »angeklebt«.

Perdreaux au chou

Rebhuhn mit Kohl

Für 2–4 Personen
Zubereitungszeit: 30 Minuten
(zuzüglich Vorbereitungzeit für die Rebhühner)
Garzeit: 1 Stunde 45 Minuten

2 Rebhühner
1 großer Kohl
3 Mohrrüben
2 kleine Zwiebeln
Salz und Pfeffer
1 Kräuterstrauß
125 g magerer Speck
1 Cervelatwurst
500 ml Fleischbrühe
2 EL Schweineschmalz
20 g Butter (nach Belieben)
1 breiter Speckstreifen

Die Rebhühner rupfen, absengen, ausnehmen und in Form binden.

Den Kohl putzen, zerlegen und die Blätter 10 Minuten in kochendem Wasser blanchieren. Dann abtropfen lassen und trocken tupfen.

Die Rebhühner rundherum in dem erhitzten Schmalz anbraten.

Den breiten Speckstreifen in einen Schmortopf legen und die Hälfte der Kohlblätter einschichten. Die Rebhühner, die in Scheiben geschnittenen Mohrrüben und die gehackten Zwiebeln darauf betten. Salzen und pfeffern. Mit den restlichen Kohlblättern, dem gewürfelten Speck, den Wurstscheiben und dem Kräuterstrauß bedecken. Mit der Fleischbrühe begießen und eine Hand voll Butter- oder Schmalzflöckchen über den Kohl verteilen.

Den Deckel mit einem Streifen Teig aus Mehl und Wasser hermetisch abdichten und das Ganze bei mittlerer Hitze 1½ Stunden garen oder länger, wenn die Hühner nicht ganz jung sind.

Falls die Sauce zu hell ist, alle Zutaten mit einem Schaumlöffel herausnehmen und warm stellen, und die Sauce bei starker Hitze einkochen lassen. Das Gericht schön heiß servieren, die Sauce getrennt dazu reichen.

Monet selbst ist kein Jäger, hat jedoch eine Leidenschaft für Wild; besonders Rebhühner und Schnepfen stehen hoch in seiner Gunst.

Chevreuil aux fruits d'églantier

Rehbraten mit Hagebuttenmark

Für 6–8 Personen

Zubereitungszeit: 30 Minuten

Garzeit: 2–4 Stunden

1,5 kg Rehbraten (im Stück)

300–350 g Hagebutten

500 ml Weißwein

Essig

grobes Salz

1 TL Pfefferkörner

30 g Butter

30 g Mehl

4 Gewürznelken

250 g Mandeln

½ Zitrone

1 Zuckerwürfel

Das Fleisch in einen Schmortopf legen, zu drei Viertel mit Wasser auffüllen und den Essig dazugeben. Das Fleisch muss mit Flüssigkeit bedeckt sein. 1 Hand voll grobes Salz und 1 TL Pfefferkörner hinzufügen. Den Topf schließen.

Alles bei sanfter Hitze köcheln lassen, bis das Fleisch weich ist. Die Gardauer variiert, je nach dem Alter des Tieres, zwischen 2 und 4 Stunden.

Hin und wieder mit einer Gabel den Garzustand überprüfen.

Für die Sauce: Die Hagebutten waschen, abtrocknen und in einem Mörser zerstampfen (oder in der Küchenmaschine pürieren).

Das so gewonnene Fruchtmus abwiegen und mit der gleichen Menge Weißwein 1 gute Stunde kochen; dabei etwas von dem Bratensaft unterziehen. Durch ein Sieb streichen.

Jetzt eine Einbrenne herstellen: Die Butter zerlassen, das Mehl zufügen und 1 Minute gut mischen, ein Viertel des Bratensuds und die Fruchtsauce zufügen und alles verrühren. Zum Kochen bringen und anschließend die Gewürznelken zufügen.

Die Mandeln mahlen, die Schale der halben Zitrone reiben und beides zusammen mit dem Zuckerwürfel in die Sauce geben. Gut verrühren, damit sie schön bindet.

Fleisch und Sauce werden getrennt gereicht (die Sauce eventuell zuvor durch ein Sieb streichen).

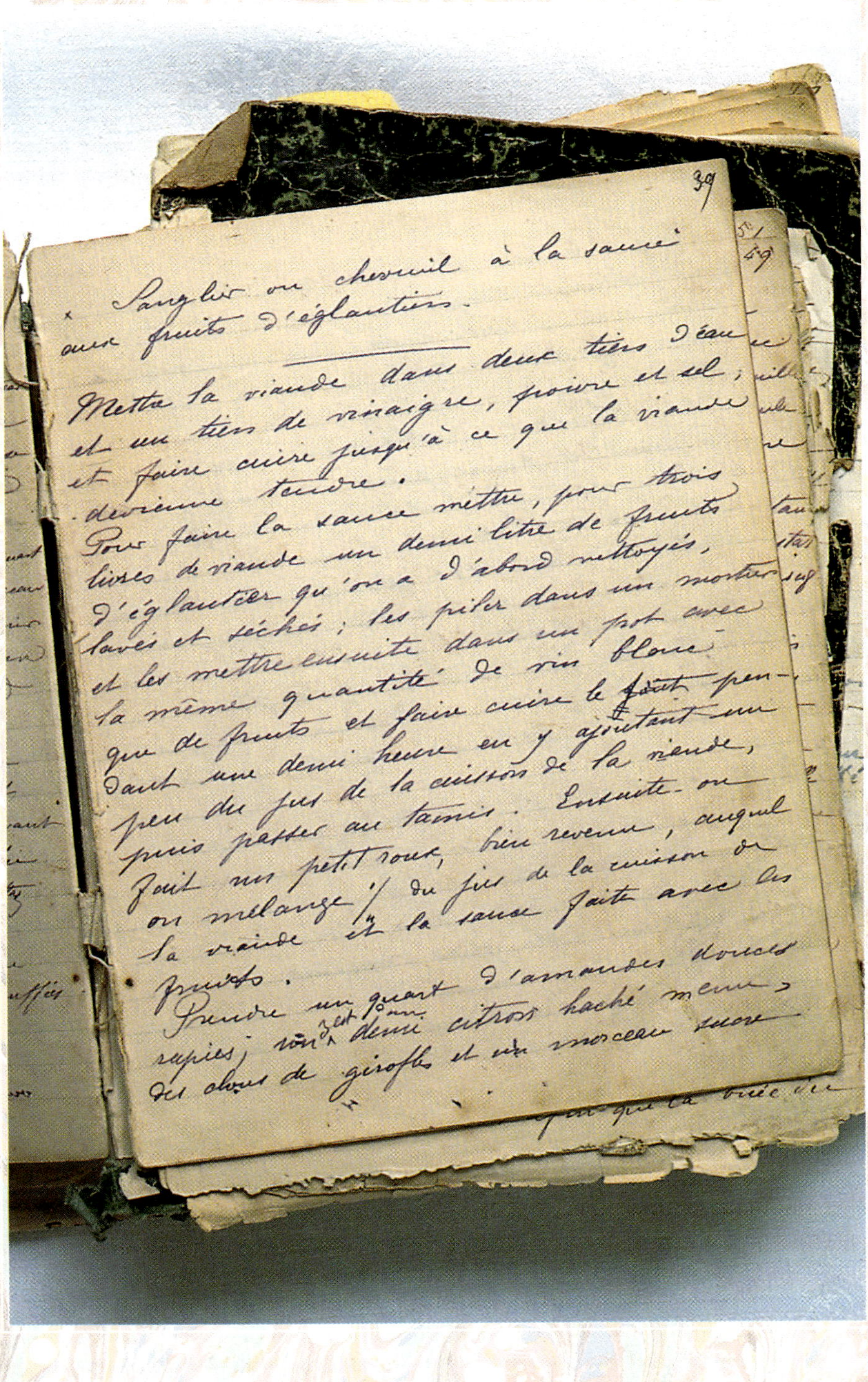

39

Sanglier ou chevreuil à la sauce
aux fruits d'églantiers.

Mettre la viande dans deux tiers d'eau
et un tiers de vinaigre, poivre et sel;
et faire cuire jusqu'à ce que la viande
devienne tendre.
Pour faire la sauce mettre, pour trois
livres de viande un demi litre de fruits
d'églantier qu'on a d'abord nettoyés,
lavés et séchés; les piler dans un mortier
et les mettre ensuite dans un pot avec
la même quantité de vin blanc
que de fruits et faire cuire le tout pen-
dant une demi heure en y ajoutant un
peu du jus de la cuisson de la viande,
puis passer au tamis. Ensuite on
fait un petit roux, bien revenu, auquel
on mélange ½ du jus de la cuisson de
la viande et la sauce faite avec les
fruits.
Prendre un quart d'amandes douces
rapées, un zeste d'un demi citron haché menu,
des clous de girofles et un morceau sucre

Gâteau au chocolat

Schokoladenkuchen

Für 4 Personen
Zubereitungszeit: 20 Minuten
Garzeit: 20 Minuten

Für 1 Backform von 18 cm Durchmesser:
2 Eier (à 65 g)
125 g Butter
125 g Schokolade
125 g Zucker
1 gehäufter EL Mehl
10 g Butter für die Form

Die Schokolade bei milder Hitze in etwas Wasser zum Schmelzen bringen, vom Feuer nehmen, die Butter einarbeiten und das Ganze glatt rühren. Abkühlen lassen.

Jetzt nacheinander die Eidotter, den Zucker und das Mehl einrühren.

Das Eiweiß sehr steif schlagen und vorsichtig unterziehen.

Den Teig in eine runde, gebutterte Backform füllen und 20 Minuten bei 180 °C (Gas Stufe 6) backen.

Clafouti

»Verlorene Kirschen«

Für 4 Personen
Zubereitungszeit: 25 Minuten
Garzeit: 45 Minuten

500 g Kirschen
125 g Mehl
100 g Zucker
2 Eier
ca. 200 ml Milch
Salz
1 EL Butter für die Form

Die Kirschstiele abtrennen; die Kirschkerne intensivieren das Aroma des Kuchens und müssen daher nicht unbedingt entfernt werden.

Aus 50 g Zucker, Eiern, Mehl, Salz und Milch einen nicht zu flüssigen Pfannkuchenteig herstellen.

Eine Obstkuchenform mit geriffeltem Rand buttern, die Kirschen dicht an dicht über den Boden verteilen, den Teig darübergießen und mit dem restlichen Zucker bestreuen. 45 Minuten bei 200 °C (Gas Stufe 6–7) im Ofen backen.

Die Sonntags-tafel

Soufflé au fromage

Käsesoufflé

Für 2 Personen
Zubereitungszeit: 15 Minuten
Garzeit: 20 Minuten

2 EL Mehl
250 ml Milch
1 gehäuften EL Butter
60 g geriebenen Gruyère
2 Eier
Salz und Pfeffer

Die Butter bei milder Hitze zerlassen und das Mehl unter Rühren einarbeiten, bis die Butter aufgesogen ist. Die Milch warm oder kalt nach und nach unter ständigem Rühren zugießen, sodass ein dicklicher, nicht zu flüssiger Brei entsteht. Die Eier trennen.

Die Kasserolle vom Feuer nehmen; einen Eidotter einrühren, und wenn er gut eingebunden ist, den zweiten einarbeiten. Jetzt den geriebenen Käse unterziehen. Pfeffern und salzen.

Das Eiweiß sehr steif schlagen und vorsichtig unter die Masse ziehen (nicht rühren). Danach alles in eine mit Butter oder Öl bestrichene Souffléform füllen, und zwar maximal auf drei Viertel ihrer Höhe.

In den vorgeheizten Ofen schieben und ungefähr 20 Minuten bei 190 °C (Gas Stufe 6 – 7) backen. Während der Garzeit darf der Ofen nicht geöffnet werden. Sofort servieren.

In der Küche liegt alles bereit: Gleich wird der Tisch im gelben Esszimmer gedeckt.

Aubergines aux tomates

Auberginen mit Tomaten

Vorbereitungszeit: 1 Stunde
Zubereitungszeit: 30 Minuten
Garzeit: 2 Stunden 30 Minuten

4 Auberginen
grobes Salz
6 große Tomaten
50 g Butter
1 Thymianzweig
1 Gewürznelke
5 – 6 Schalotten
1 – 2 Knoblauchzehen
einige Petersilienzweige
einige Kerbelzweige
1 Estragonzweig
3 – 4 EL Olivenöl
3 – 4 EL Paniermehl

Die Auberginen mit der Schale in Scheiben schneiden, mit grobem Salz bestreuen. 1 Stunde stehen lassen, um ihnen die Bitterstoffe zu entziehen.

Die Tomaten schälen, aushöhlen, klein schneiden; zusammen mit dem Thymianzweig und der Gewürznelke (in ein Netz oder ein Stück Mull wickeln), den Schalotten, dem Knoblauch und den fein gehackten Kräutern (Petersilie, Kerbel und Estragon) kurz in Butter andünsten.

Das Öl in eine feuerfeste Form gießen; dann die Auberginen und Tomaten im Wechsel einschichten, bis alles aufgebraucht ist. Mit Paniermehl bestreuen und im Ofen bei 160 °C (Gas Stufe 5 – 6) 2 Stunden goldbraun backen. Hin und wieder den Garzustand überprüfen.

Wie ein Monolith steht der große Küchenherd an seinem Ehrenplatz. Der Anblick dieses Symbols vergangener Tafelfreuden berührt die sentimentale Ader der Feinschmecker, die es voller Ehrfurcht und Respekt betrachten.

Brochet au beurre blanc

Hecht mit Buttersauce

Für 4–6 Personen
Zubereitungszeit: 20 Minuten
Garzeit: 1 Stunde

1 Hecht (1,5 kg)
2 Zwiebeln
2 Mohrrüben
Wasser
Weißwein
1 Kräuterstrauß
Salz
Für die Buttersauce:
200 g Butter
2 große Schalotten
1 EL Essig
Salz und Pfeffer

Die Zwiebeln, in Scheiben geschnittene Mohrrüben und Kräuter in ausreichend Wasser geben, Weißwein (1 Glas pro Liter) hinzufügen und eine Bouillon zubereiten. Salzen. 30 Minuten zugedeckt sieden und anschließend abkühlen lassen.

Den Fisch ausnehmen, waschen (aber nicht schuppen) und in einen Fischkochtopf legen; die erkaltete Bouillon darübergießen, sodass der Fisch vollständig bedeckt ist. Zum Kochen bringen und den Topf dann an die Herdkante schieben oder die Temperatur herunterschalten. Die Flüssigkeit darf nur sieden, damit die Haut nicht aufplatzt. Für diesen Vorgang müssen Sie pro 500 g Fisch 10 Minuten ansetzen.

Kurz bevor der Fisch gar ist, wird die Sauce zubereitet: Die Schalotten fein hacken und mit Essig, Salz und Pfeffer in eine Kasserolle geben. Den Essig bei schwacher Hitze vollständig einkochen lassen. Dann die Butter hinzufügen. Bei milder Hitze umrühren, bis die Butter geschmolzen ist (nicht kochen lassen!), und sie dann in eine vorgewärmte Saucière füllen.

Dieser Hecht wird auf einem zusammengefalteten Tuch serviert.

Ist ein Händlerbesuch angesagt, wird das beste Wild der Saison benötigt, wie man es den Jägern ausdrücklich mitteilt, und der beste Hecht, der Monet einiges kostet, obwohl er ihn vom Gärtner aus dem hauseigenen Teich angeln lässt.

Soles à la normande

Seezunge »Normandie«

Für 4 Personen

Zubereitungs- und Garzeit: 1 Stunde

2 große Seezungen
1–2 Dutzend Austern
3 Dutzend Krabben
1 kg Muscheln
4 EL Calvados
500 ml Weißwein
300 ml Wasser
1 Lauch (nur das Weiße)
1 große Mohrrübe
1 große Zwiebel
1 Knoblauchzehe
1 Kräuterstrauß
grobes Salz
einige Pfefferkörner
50 g Butter
1 gestrichener EL Mehl
2 Eidotter
2 EL Crème fraîche
1 TL Zitronensaft
30 g Butter zusätzlich

Die beiden Seezungen säubern, ausnehmen und parieren.

Einen Sud aus Calvados, je 300 ml Weißwein und Wasser, Lauch, Mohrrübe und Zwiebel (jeweils klein geschnitten), Knoblauchzehe (im Ganzen), Kräutern, etwas grobem Salz und Pfeffer herstellen. 30 Minuten kochen lassen, dann durch ein Sieb abgießen.

Die Austern mit ihrem Wasser in einen Kochtopf geben und sie 30 Sekunden in der siedenden Flüssigkeit pochieren. Die Kochflüssigkeit auffangen und die Austern warm stellen.

Die Krabben 3 Minuten lang in dem Sud poschieren. Abgießen, die Kochflüssigkeit auffangen, die Krabben warm stellen.

Die Muscheln abbürsten, waschen und bei starker Hitze in dem restlichen Weißwein zum Kochen bringen. Wenn sie sich geöffnet haben, abgießen (nicht geöffnete Muscheln aussondern), die Kochflüssigkeit aufbewahren und die Muscheln ebenfalls warm stellen.

Die aufgefangenen Kochflüssigkeiten in den Hauptsud gießen und auf die Hälfte einkochen lassen.

Die Seezungen in eine gut gebutterte, feuerfeste Form geben, mit dem Sud bedecken. Gebuttertes Pergamentpapier darüber legen und das Ganze 20 Minuten im Backofen bei 180 °C (Gas Stufe 6) garen lassen.

Unterdessen aus 20 g Butter und Mehl eine Einbrenne herstellen. Dann 1 großes Glas Fischsud in eine Kasserolle gießen und die Einbrenne mit dem Schneebesen darunterschlagen. Etwas abkühlen lassen, dann die Eidotter und die Crème fraîche bei milder Hitze unter ständigem Rühren einarbeiten. Nach und nach ein eigroßes Stück Butter und den Saft ½ Zitrone unterziehen. Abschmecken. Weiterrühren.

Die warm gestellten Austern, Muscheln und Krabben um die Seezungen herum anrichten, den Fisch mit der Sauce überziehen und servieren.

Nach dem Originalrezept werden die Seezungen noch mit in Madeira gegarten hauchfeinen Trüffelscheibchen dekoriert.

Bœuf mode (Marthe Butler)

Rinderschmorbraten in Wein »Marthe Butler«

Für 6 Personen
Zubereitungszeit: 30 Minuten
Garzeit: 7 Stunden

1 kg Rindfleisch
(Bugstück oder Oberschale)
4 – 5 Speckschwarten
30 g Butter
½ Kalbsfuß, blanchiert
500 ml Fleischbrühe
600 ml Weißwein
5 große Mohrrüben
1 Zwiebel
1 Kräuterstrauß
4 EL Schnaps
Salz und Pfeffer

Das Rindfleisch in reichlich Butter rundherum gut anbraten. Einen Schmortopf mit den Speckschwarten auslegen. Zunächst je 1 Glas Fleischbrühe und Weißwein hineingeben. Dann die in Scheiben geschnittenen Mohrrüben, die gewürfelte Zwiebel, den Kräuterstrauß und den Kalbsfuß hinzufügen. Erhitzen.

Jetzt das Fleisch in die Flüssigkeit einlegen. Salzen und pfeffern. Den Deckel auflegen und alles bei sehr milder Hitze 7 Stunden schmoren lassen.

Hin und wieder etwas Weißwein und Brühe nachfüllen.

1 Stunde vor Ende der Garzeit den Schnaps zufügen.

Die Kräuter, den Speck und den Kalbsfuß herausnehmen. Dann den Topfinhalt in eine Terrine umfüllen. Völlig auskühlen und gelieren lassen, dann stürzen.

Sonntags kommt der Rinderschmorbraten in Wein nach Art von Marthe Butler in einem Service mit Japandekor aus der Manufaktur Creil auf den Tisch.

Poulet sauté gastronome

Huhn nach Feinschmeckerart

Für 4 Personen
Zubereitungszeit: 40 Minuten
Garzeit: 50 Minuten

1 junges Huhn, zerlegt
20 g Butter
4 Artischocken
1 kleine Trüffel
400 ml Weißwein
Salz und Pfeffer

Die Artischocken in kochendem Wasser garen, bis sich die Blätter mühelos ablösen lassen.

Unterdessen die Hühnerteile in einem Schmortopf mit etwas Butter anbraten. Wenn sie schön goldgelb sind, 1 Glas Weißwein darübergießen, salzen und pfeffern. Anschließend das Ganze in den Backofen schieben und 30 Minuten bei 180 °C (Gas Stufe 6) garen.

Die Blätter von den Artischocken lösen, das »Heu« entfernen. Die Herzen vorsichtig putzen und in Würfel schneiden.

Die Trüffel leicht schälen, abreiben, aber nicht waschen. In Lamellen schneiden.

Wenn das Huhn gar ist, die Sauce mit dem restlichen Weißwein verlängern. Die Artischockenherzen und Trüffelscheiben um das Fleisch herum legen.

Noch 10 Minuten weiterschmoren lassen. Dann sehr heiß servieren.

Gemäß einer uralten Sitte, ganz im Sinne des Küchenchefs La Reynière, pflegt der Hausherr Wild, Geflügel und sonstige Braten höchstpersönlich zu tranchieren.

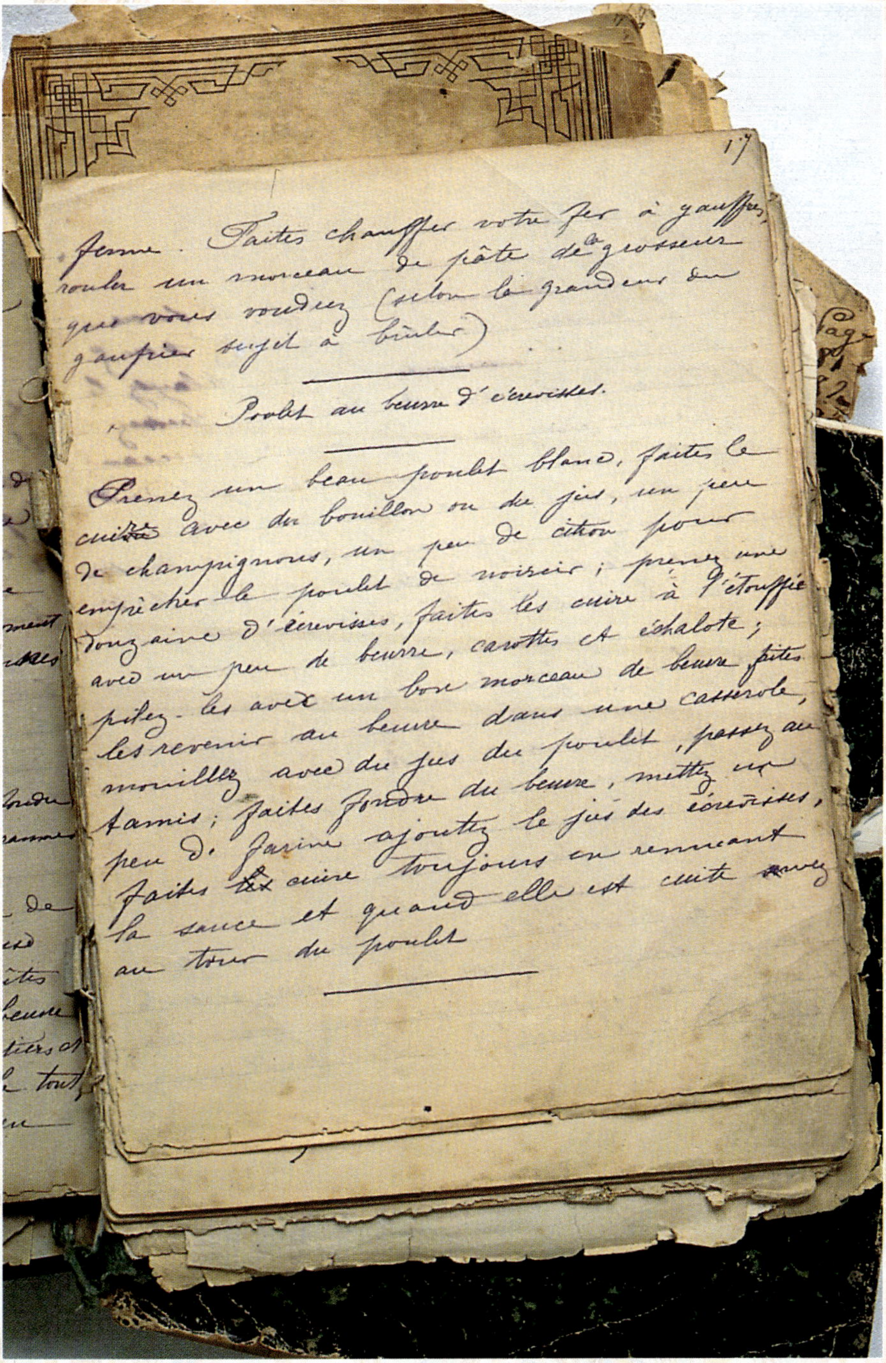
17

ferme. Faites chauffer votre fer à gauffres, roulez un morceau de pâte de la grosseur que vous voudrez (selon la grandeur du gauffrier sujet à brûler).

Poulet au beurre d'écrevisses.

Prenez un beau poulet blanc, faites le cuire avec du bouillon ou du jus, un peu de champignons, un peu de citron pour empêcher le poulet de noircir; prenez une douzaine d'écrevisses, faites les cuire à l'étouffée avec un peu de beurre, carottes et échalote; pilez les avec un bon morceau de beurre faites les revenir au beurre dans une casserole, mouillez avec du jus du poulet, passez au tamis; faites fondre du beurre, mettez un peu de farine ajoutez le jus des écrevisses, faites ~~les~~ cuire toujours en remuant la sauce et quand elle est cuite versez au tour du poulet

Pêches à la Bourdaloue

Pfirsiche »Bourdaloue«

Für 6 Personen
Zubereitungs- und Garzeit: 30 Minuten

6 große Pfirsiche
400 g Kristallzucker
1 Vanilleschote
500 ml Wasser
6 Eidotter
1 gehäufter EL Mehl
500 ml Milch
4 Makronen
20 g Butter

Die Pfirsiche mit kochendem Wasser überbrühen, schälen und halbieren.

Für den Sirup: 300 g Zucker, die Vanilleschote und 500 ml Wasser zum Kochen bringen.

Dann die Pfirsichhälften einlegen und das Ganze 10 Minuten köcheln lassen. Die Pfirsiche herausnehmen und abtropfen lassen.

Aus Eidottern, dem Mehl und 50 g Zucker eine Konditorcreme zubereiten; alle Zutaten gut vermischen; nach und nach die kochende Milch einrühren. Dann das Ganze in eine Kasserolle geben und unter ständigem Rühren langsam erhitzen. Sobald die ersten Blasen aufsteigen, vom Feuer nehmen. Abkühlen lassen.

Eine Schicht erkaltete Creme in eine feuerfeste Form geben, die Pfirsichhälften darauflegen und mit der restlichen Creme bedecken.

Aus den zerstoßenen Makronen und dem restlichen Zucker einen Krokant herstellen und diesen über die Creme geben. Das Ganze mit Butterflöckchen bestreuen. Im Ofen überbacken und warm, aber nicht zu heiß servieren.

Pfirsiche »Bourdaloue«, ein traditionelles Sonntagsdessert, kommen gerade aus dem Backofen.

Gâteau vert-vert

»Grüner« Kuchen

Für 6–8 Personen

Zubereitungs- und Backzeit: 2 Stunden

Für den Teig:

4 Eier

150 g Zucker

125 g Mehl

60 g Butter

½ Zitrone

50 g Pistazien

4 EL Kirschwasser

geriebenen Schale einer

½ Zitrone (nach Belieben)

Für das »Spinat-Grün«:

3 große Hände voll Spinatblätter

Für die Creme:

100 g geschälte Pistazienkerne

2 EL Kirschwasser

100 g Butter

100 g Zucker

2 ganze Eier

2 Eidotter

2 EL Mehl

1 Glas Milch

Für den Fondant:

600 g Zucker

2 EL Traubenzucker

1 Zitrone

Der grüne Pistazienkuchen sieht hinreißend aus – und er schmeckt auch so!

Für den Teig: Die aufgeschlagenen Eier in ein Wasserbad geben, den Zucker hinzufügen und mit einem Rührbesen kräftig schlagen, bis das doppelte Volumen erreicht ist.

Dann das durchgesiebte Mehl hinzufügen, ebenso die gehackten Pistazien, das Kirschwasser, die weiche Butter und gegebenenfalls die geriebene Zitronenschale.

Mit Hilfe eines Holzspatels alles gut miteinander verrühren. Dann in eine Springform geben und 40 Minuten bei 200 °C (Gas Stufe 6–7) backen.

Den Garzustand überprüfen. Dann aus dem Ofen nehmen und stürzen, langsam abkühlen lassen.

Für das Spinat-Grün: Die Spinatblätter 1 Minute in kochendem Wasser blanchieren. Durch ein Sieb streichen, um einen grünen Brei zum Färben der Creme und der Glasur zu erhalten.

Für den Fondant: In einer Kasserolle den Zucker mit 2 Glas Wasser bei starker Hitze auflösen. Köcheln lassen und zwischendurch immer wieder die Garprobe machen: Wenn man einen Tropfen Sirup zwischen zwei Finger nimmt, muss er »Fäden ziehen«. Kurz bevor die richtige Konsistenz erreicht ist, den Traubenzucker und etwas Spinat-Grün hinzufügen. Die Fondantmasse auf eine leicht geölte Marmorplatte geben, mit einem Holzspatel ausstreichen und mit Zitronensaft beträufeln. Ein angefeuchtetes Küchentuch darüberlegen und bis zur Verwendung kühl stellen.

Für die Pistaziencreme: Die im Mixer zerkleinerten Pistazien mit dem Kirschwasser und der weichen Butter cremig rühren und mit 2 TL Spinatpüree färben.

In einer Kasserolle 100 g Zucker mit den beiden ganzen Eiern und den Eidottern mischen und unter ständigem Rühren Mehl und Milch einarbeiten. Auf den Herd stellen und unter ständigem Rühren bei milder Hitze zum Kochen bringen, dann sofort vom Feuer nehmen. Die Pistazienpaste unterziehen und mit den restlichen 50 g Butter glatt rühren.

Den Kuchen horizontal in 3 Böden teilen. Den unteren und den mittleren Boden mit der Creme bestreichen, den Kuchen wieder zusammensetzen und 1 bis 2 Stunden kühl stellen. Dann mit der vorbereiteten Fondantmasse überziehen, ringsherum glatt streichen und fest werden lassen.

Pavé au chocolat

Schokoladenbiskuit

Für 6 Personen
Zubereitungs- und Garzeit: 30 Minuten
Kühlzeit: mindestens 3 Stunden

125 g Löffelbiskuits
250 g Schokolade
125 g gekühlte Butter
1 Ei

Jedes Löffelbiskuit in Längsrichtung flach aufschneiden.

Die Schokolade in einem Wasserbad bei sehr milder Hitze zum Schmelzen bringen. Sobald die Masse schön glatt ist, die gekühlte Butter einarbeiten. Gut vermengen. 1 verquirltes ganzes Ei unterziehen.

Auf die eine Hälfte der aufgeschnittenen Löffelbiskuits einen Klecks der noch flüssigen, warmen Schokomasse geben und mit der anderen Hälfte abdecken.

Jetzt 3 gefüllte Doppelbiskuits dicht nebeneinander auf eine Servierplatte legen, mit Schokocreme bestreichen und die 3 nächsten Doppelbiskuits über Kreuz obenauf legen, ebenfalls mit Schokocreme bedecken. Dann wieder 3 Doppelbiskuits daneben anlegen, mit einer weiteren Lage Biskuits abdecken und diese Prozedur so oft wiederholen, bis alle Zutaten verbraucht sind.

Die Creme wird währenddessen in einem warmen Wasserbad geschmeidig gehalten.

Zum Schluss den Biskuitkuchen mit Schokoladencreme überziehen und ringsherum glatt streichen. Kühl stellen.

Das Weihnachtsessen

Œufs brouillés aux truffes

Rührei mit Trüffeln

Für 4 Personen
Zubereitungs- und Garzeit: 10 Minuten

8 Eier
Salz und Pfeffer
2 EL Butter (ca. 50 g)
Trüffelstückchen
(ersatzweise Schnittlauch
oder Pfifferlinge)
geröstete Weißbrotwürfel

Dieses delikate, schwierige Rezept wird in einem Wasserbad zubereitet.

Das Wasserbad erhitzen. 8 Eier in eine Schüssel schlagen, sorgfältig den Hahnentritt entfernen. Salzen. Mit einer Gabel verrühren, aber nicht schaumig schlagen.

Dann eine Kasserolle in das kochende Wasserbad stellen und die verrührten Eier unter ständigem Schlagen hineingeben. Pfeffern. Die kalte Butter in Stückchen schneiden und unter die Eiermasse ziehen, wenn diese zu stocken beginnt. Sobald die Konsistenz flockig-körnig ist, das Rührei aus dem Wasserbad nehmen und mit gerösteten Weißbrotwürfeln servieren.

Mit gehacktem Schnittlauch, kleinen Trüffelstückchen oder Pfifferlingen, die zuvor 10 Minuten in Butter gebraten und kurz vor Ende der Garzeit hinzugefügt werden, wird diese Eierspeise noch feiner.

Zum Auftakt des großen Weihnachtsessens gibt es Rührei mit Trüffeln.

Truffes à la serviette

Serviettentrüffeln

Für 1 Person
Zubereitungszeit: 10 Minuten
Garzeit: 30 Minuten

1 Trüffel
4 – 5 dünne Scheiben magerer Speck
trockener Weißwein
Butter

Die Trüffeln sorgfältig waschen, sauber bürsten und dünn abschälen. Eine Kasserolle mit den Speckstreifen auslegen, die Trüffeln darüber verteilen und mit gutem, trockenem Weißwein bedecken.

Zugedeckt eine gute halbe Stunde köcheln lassen.

Die Trüffeln herausnehmen, abtropfen lassen und in einer vorgewärmten Serviette auf einem ebenfalls vorgewärmten Teller servieren.

Dazu wird Butter gereicht.

Als Vorspeise gibt es eine getrüffelte Gänseleberpastete in Blätterteig aus Straßburg; danach folgt der mit Trüffeln gefüllte Kapaun auf Kastanienbett, zu dem Périgord-Trüffeln und Kastanienpüree gereicht werden.

emoiselle Lily

Baudroie à l'américaine

Seeteufel nach amerikanischer Art

Für 4 Personen
Zubereitungszeit: 15 Minuten
Garzeit: 30 Minuten

4 große Scheiben Seeteufel
Mehl
3 EL Öl
250 ml trockener Weißwein
2 EL Madeira
1 Kräuterstrauß
3 Schalotten
4 EL Tomatenmark
Milder spanischer Pfeffer
Salz und Pfeffer

Den Fisch säubern und mit Mehl bestäuben. In heißem Öl anbraten, die gehackten Schalotten, den Kräuterstrauß, etwas Pfeffer (das Gericht verträgt eine gewisse Schärfe) und den Weißwein hinzufügen.

Abschmecken. 15 Minuten köcheln lassen.

Das Tomatenmark mit etwas Kochflüssigkeit verrühren und zusammen mit dem Madeira in die Pfanne geben. Weitere 5 Minuten weiterköcheln lassen. Den Fisch zusammen mit kreolischem Reis* servieren. Die Sauce darüber verteilen.

Nach Belieben den gerade angebräunten Fisch mit 1 Glas Cognac oder Armagnac übergießen und flambieren. Das macht die Sauce aromatischer.

** Kreolischer Reis: in Salzwasser mit Butter körnig gekochter Reis, der im Ofen in einem mit Butter ausgestrichenen Gefäß getrocknet wurde.*

Homard à l'américaine

Hummer nach amerikanischer Art

Für 4 Personen
Zubereitungszeit: 40 Minuten
Garzeit: 20 Minuten

1 lebender Hummer (1 kg)
Olivenöl
1 Zwiebel
3 Schalotten
1 Knoblauchzehe
1 Glas Madeira (4 EL)
250 ml Weißwein
60 g Butter
Tomaten
eine Spur Cayennepfeffer

Den vorgekochten Hummer mit einem Küchenbeil in Stücke zerlegen. Die Scheren abtrennen; den Schwanz vom Rumpf lösen und den austretenden Saft auffangen. Den Rumpf längs halbieren, den Schwanz in mehrere Stücke hacken. Den Sandbeutel entfernen. Corail und Innereien beiseite stellen.

Alle Hummerteile in sehr heißem Olivenöl kräftig anbraten, salzen, pfeffern. Nach 5 Minuten aus der Pfanne nehmen, das Öl abgießen und wegwerfen, 30 g Butter zerlassen, die Hummerstücke wieder in die Pfanne geben, ebenso die gehackten Zwiebeln und Schalotten sowie 1 zerdrückte Knoblauchzehe.

Mit 1 Gläschen Cognac ablöschen, flambieren, mit 2 Glas trockenem Weißwein aufgießen, mit etwas Salz, Pfeffer und Cayennepfeffer würzen.

Zum Kochen bringen. Sobald die ersten Blasen aufsteigen, zudecken und zirka 10 Minuten bei milder Hitze köcheln lassen.

Hummer herausnehmen und warm stellen.

Die Sauce etwas reduzieren, nacheinander die aufgefangene Flüssigkeit, Corail und Innereien – beides durch ein Sieb gedrückt – hinzufügen. Etwas Butter einarbeiten. Einmal kurz aufwallen lassen, dabei ständig weiterrühren. Vom Feuer nehmen und portionsweise den Rest der Butter einarbeiten, bis alles schön gebunden ist. Die Hummerstücke mit Sauce begießen und sofort servieren.

Chapon farci

Gefüllter Kapaun

Für zirka 10 Personen
Zubereitungszeit: 25 Minuten
Garzeit: 3 Stunden

1 Kapaun (mind. 3 kg)
2 große Zwiebeln
1 Scheibe Schinken
100 g Waldpilze
12 Morcheln
Salz und Pfeffer
3 EL Crème fraîche
40 g Butter
2 Eidotter
4 EL Madeira
1–2 Hand voll altbackenes Brot (ohne Rinde)
3–4 EL Milch
2 Mohrrüben
2 Thymianzweige
2 Petersilienzweige
200 ml Geflügelbrühe

Den Kapaun, wenn nötig, rupfen und ausnehmen.

Die Zwiebeln schälen, klein hacken und in 10 g Butter glasig dünsten.

Die Waldpilze und die Morcheln säubern. Zusammen mit den gegarten Zwiebeln, Schinken, Leber und Magen des Vogels klein hacken, vermengen, salzen und pfeffern. Dann die Crème fraîche unterrühren und diese Mischung in 1 EL Butter vorsichtig anschwitzen. Abkühlen lassen und mit 2 Eidottern binden. Mit Madeira aromatisieren. Ist die Füllmasse zu flüssig, das in Milch eingeweichte und gut ausgedrückte altbackene Brot einarbeiten.

Den Kapaun damit füllen. In Form binden (bridieren) und den Faden dabei fest anziehen. In den Bräter legen, mit zerlassener Butter bestreichen und den Hals des Kapauns, gewürfelte Mohrrüben, Thymian und Petersilie ringsherum anordnen. Den Bräter in den Ofen schieben. In regelmäßigen Abständen mit der heißen Geflügelbrühe übergießen. 3 Stunden bei 170 °C (Gas Stufe 5–6) garen.

An Weihnachten hält man sich an alte Traditionen: In einem Haus, in dem auf gepflegtes Essen Wert gelegt wird, kommen nur Kapaune und Poularden auf den Tisch.

Christmas Pudding (de Bonne)

Christmaspudding nach Dienstmädchenart

Für 12 – 15 Personen
Zubereitungszeit: 30 Minuten
Garzeit: 5 – 6 Stunden

500 g Rindernierenfett
225 g Mehl
12 Eier
250 g Rosinen
250 g Korinthen
1 Zitrone
Salz
80 g Zucker
3 Gläschen Schnaps
1 Glas Milch
300 g Paniermehl

Das klein gewürfelte Fett und das Mehl in eine Schüssel geben, die Eier hineinschlagen, dann nacheinander die Rosinen, die Korinthen, den Zucker, die fein gehackte Zitronenschale und den Schnaps zufügen.

Alles gut vermengen, nach und nach etwas Milch und reichlich Paniermehl hinzufügen, sodass ein leichter, glatter, geschmeidiger, aber doch fester Teig entsteht.

Den Teig zu einer Kugel formen und in ein gebuttertes und bemehltes Tuch einschlagen. Die Tuchenden nach oben ziehen und verknoten; der Teig muss aber Spielraum haben, weil er noch »aufgeht«.

In einen Topf mit kochendem Wasser geben. Mindestens 5 bis 6 Stunden kochen, dabei häufig umdrehen. Den Topf nur halb abdecken; wenn das Flüssigkeitsniveau sinkt, mit kochendem Wasser auffüllen.

Am Ende der Garzeit den Pudding herausnehmen, abtropfen lassen, auf einen Servierteller legen und das Tuch entfernen. Am Tisch mit einem Glas heißem Rum begießen und flambieren. Dazu passt die folgende »Puddingsauce«.

Endlich naht der von den Kindern heiß ersehnte Augenblick, der die ganze Magie von Weihnachten in sich trägt: Paul schließt die Läden; dann bringt er den mit reichlich Rum übergossenen Christmas-Pudding herein, entzündet ein Streicholz und flambiert ihn zur Freude aller Anwesenden, die in Bewunderungsrufe ausbrechen.

Sauce pour le pudding

Puddingsauce

Zubereitung und Garzeit: 10 Minuten

150 g Butter
2 Eidotter
3 EL Zucker
3 EL Rum

Alle Zutaten in eine Schüssel geben und verrühren.

Die Schüssel in ein Wasserbad stellen und die Sauce unter ständigem Rühren eindicken lassen. Schön heiß zum Christmaspudding servieren.

Glace à la banane

Bananeneis

Für 8–10 Personen
Zubereitungs- und Garzeit: 20 Minuten
Kühlzeit: 2 Stunden

½ l Milch
5 Eidotter
250 g Zucker
150 g Sahne
1 TL Stärkemehl
1 Prise Salz
4 Bananen

Eine handbetriebene Eismaschine spätestens 15 Minuten vor Arbeitsbeginn in Schichten von Eiswürfeln, Meersalz und Salpeter packen.

Für die Grundcreme: Die Milch mit etwas Salz zum Kochen bringen. Unterdessen in einer Schüssel Eidotter, Zucker und Stärkemehl mit einem Holzlöffel kräftig rühren, sodass eine weiße, schaumige Creme entsteht. Etwas kochende Milch unterrühren. Dann die Mischung in einen Kupferkessel umfüllen, die restliche Milch zugeben und bei sanfter Hitze unter stetigem Umrühren eindicken lassen. Die Creme darf nicht kochen. Sobald sie am Löffel haften bleibt, vom Herd nehmen und im Topf abkühlen lassen.

Die Bananen schälen und mit einer Gabel pürieren. Durch ein Sieb streichen und das Bananenmus mit der erkalteten Grundcreme vermischen; vorsichtig die Sahne unterziehen. Mit dem Rührbesen durcharbeiten.

Diese Mischung in die in Eiswürfel gebettete Eismaschine geben. Mit einem runden Papier bedecken, den Deckel auflegen. Dann mindestens 30 Minuten lang die Kurbel betätigen, bis die Masse fester wird.

Die Eismaschine öffnen und die Eiscreme in ein vorzugsweise zuckerhutförmiges Behältnis füllen; dabei mit einem Holzlöffel fest nach unten drücken, damit keine Lufträume entstehen. Ein Papier darüberlegen und das Ganze 1 Stunde in einem mit Eis und Salz gefüllten hohen Eimer fest werden lassen.

Kurz vor dem Servieren die Form herausnehmen, erst in kaltes, dann kurz in heißes Wasser tauchen und die Eiscreme auf einen mit einem hübschen Tuch bedeckten Servierteller stürzen.

Heutzutage lässt sich die Grundcreme für das Bananeneis einfacher und doch rezeptgetreu in einer elektrischen Eismaschine herstellen. Danach muss die Creme noch zirka 1 Stunde im Tiefkühlfach ruhen. Wenn sie nicht mehr flüssig, aber noch weich ist, wird sie in ein Behältnis in Zuckerhutform umgefüllt und fest hineingedrückt, damit alle Hohlräume ausgefüllt sind. Danach muss die Eiscreme bis zum Servieren nochmals für eine Weile ins Gefrierfach.

Gâteau de marrons

Kastanienkuchen

Für 10 Personen
Zubereitungszeit: 1 Stunde
Backzeit: 1 Stunde

1,5 kg Kastanien
1 l Milch
200 g Butter
200 g Zucker
6 Eier
1 Vanilleschote

Die ungeschälten Kastanien ringsherum einritzen, 10 Minuten in kochendes Wasser legen, dann portionsweise herausnehmen und die Schalen abziehen.

Die Milch mit der Vanilleschote zum Kochen bringen. Den Zucker einstreuen. Die geschälten Kastanien in der gezuckerten Milch 30 Minuten garen.

Die Kastanien durch ein Sieb drücken. Die Butter in das Püree einarbeiten. Warten, bis das Kastanienpüree lauwarm ist und dann nacheinander die Eidotter einarbeiten.

Das Eiweiß steif schlagen und vorsichtig unter das Kastanienpüree ziehen. In eine Charlottenform geben und im Ofen in einem Wasserbad bei 180 °C (Gas Stufe 6) 30 Minuten garen. Kalt servieren.

Crème somptueuse

Festtagscreme

Für 6 Personen
Zubereitungszeit: 15 Minuten (am Vorabend)
Garzeit: 15 Minuten

750 g kräftige Bitterschokolade
100 g Butter
3 Eidotter

Die Bitterschokolade in kleine Stücke brechen und in etwas Wasser bei milder Hitze zum Schmelzen bringen. Die Konsistenz muss cremig sein. Dann vom Feuer nehmen.

Neben dem Herd die Butter in kleinen Stückchen unter ständigem Rühren einarbeiten. Glatt rühren. Eidotter in einer Schüssel gut verquirlen und vorsichtig die Schokolade zugießen; mit einem Holzlöffel unter ständigem Rühren zu einer homogenen Masse verarbeiten.

In eine Servierschüssel umfüllen.

Damit die Creme fest wird, sollte sie einen Tag im Voraus zubereitet werden. Im Kühlschrank hält sie sich 2 bis 3 Tage.

Verzeichnis der Rezepte

Gerichte für jeden Tag

Teestunde

Das Jagdpicknick

Die Sonntagstafel

Das Weihnachtsessen

Danksagung

Verlag und Autoren möchten ganz besonders herzlich Madame Nathalie Révillon danken, der Leiterin von Maxim's Traiteur, die mit viel Enthusiasmus und großer Sorgfalt die für diesen Band fotografierten Gerichte so originalgetreu wie möglich zubereitete.

Mein Dank gilt all denen, die mir durch Leihgaben ermöglicht haben, die Atmosphäre im Hause Monet zu rekonstruieren: Les Cristalleries de Saint Louis, Haviland & Parlon, Gérard Danton, Alain Fassier, Christian Benais, Jean-Pierre de Castro, Constance Maupin, Madeleine Gely, Hubert Brugière, Artémise & Cunégonde, Jean-Claude Romain, Pierre G. Bernard, Fanette, La Tuile à loup, Au Bon Usage, Au Puceron Chineur, Eric Dubois, Madame est servie, La Galerie Paramythiotis, Natalie Mabille von der Crêperie de Villers-en-Arties, Fauchon, Cassegrain, Ercuis.

Nanou Billault

Mein Dank gilt auch Monsieur Gérald Van der Kemp vom Institut, dem Konservator des Musée Claude Monet, Madame Gérald Van der Kemp für ihren unermüdlichen Einsatz für dieses Buch, Madame Claudette Lindsey für ihre großzügige, tatkräftige Hilfe sowie Madame Nathalie Mabille und Mademoiselle Catherine Gourdain.

Claire Joyes

Titel der französischen Originalausgabe: *À la table de Monet*
Ins Deutsche übertragen von Rudolf Kimmig

Die Originalausgabe erschien 2000 bei Éditions du Chêne – Hachette Livre, Paris

Umschlagmotiv: Ausschnitt aus: »Le dejeuner« (1868) von Claude Monet
(Städelsches Kunstinstitut und Städtische Galerie, Frankfurt a. M., © Artothek)
Umschlaggestaltung: Hauptmann und Kampa Werbeagentur, CH-Zug
Text: Claire Joyes
Fotos: Jean-Bernard Naudin
Vorwort: Joël Robuchon
Foodstyling: Nanou Billault
Redaktion: Gisela Sturm
Satz: DTP-Service, Puchheim
Herstellung: Karlheinz Rau
Druck und Bindung: Mateu Cromo

Printed in Spain
ISBN 3-89910-121-9